Mit dem Rennrad ab Erlangen durch Steigerwald, die Fränkische Schweiz und Mittelfranken

Ein Radführer – nicht nur für Rennradler – mit Einkehrtipps und dem ein oder anderen Seitenblick nach rechts und links

Die zweite Seite oder „Vorvorwort"

Dieses Buch ist eine Kombination aus Radtourenbeschreibungen und Kellerführer, es erhebt keinen Anspruch auf Vollständigkeit und die Kartenausschnitte dienen nur zur groben Orientierung. Auf elektronische (GPS-) Daten wurde bewußt verzichtet, die werden evtl. in einer späteren Auflage mit aufgenommen.

© 1. Auflage: Andreas Köhler, Stoke-on-Trent-Str. 22, 91058 Erlangen - Alle Rechte vorbehalten

Text, Konzeption und Fotos: Andreas Köhler

Kartenmaterial: RadRoutenplaner 5.0, Map&Guide, TVG Verlag Printlizenzen von DDS GmbH

Erstauflage
Herstellung und Verlag: Books on Demand GmbH, Norderstedt.

ISBN 978 384 236 4530

Vorwort.

Ich fahre seit über 20 Jahren ab Erlangen längere Radtouren, davon fast 13 Jahre mit dem Rennrad. In dieser Zeit habe ich alleine viele Strecken ausprobiert und bin diese dann auch mit anderen Radlern zusammen gefahren. Seit 2006 gibt es eine „Außenradgruppe" vom Sportland Erlangen und diese Radgruppe hat mich insbesondere zu diesem Buch inspiriert und angestiftet („Du kennst immer so schöne Strecken, schreib die doch mal auf.") Nun ja, das habe ich dann getan und hoffe, alle die gerne durch Mittel- und Oberfranken, die fränkische Schweiz und den Steigerwald radeln – auch mit dem Trekkingbike - finden hier die ein oder andere Tour und natürlich auch eine schöne Einkehrmöglichkeit. Denn neben der sportlichen Note der Touren ist die Einkehrpause mindestens genauso wichtig, damit das genießerische Element nicht zu kurz kommt, angefangen vom schönen Ausblick bis zur leckeren Brotzeit oder dem Radler/Bier auf einem der schönen fränkischen Keller bzw. Biergärten.

Die Länge der Touren variiert zwischen 60 und 140km, also von der lockeren „Feierabendrunde" bis zur schweren Tagestour. Bei den längeren Touren ist, wenn möglich, noch die „Schlechtwettervariante" Bahnrückfahrt („Bahn ab….") angegeben. Die Startpunkte sind je nach Himmelsrichtung entweder am „langen Johann"/Möhrendorfer Weg (nach Nordwesten/Westen), am Freibad West (nach Westen/Südwesten), an der Südkreuzung (nach Südosten), an der Ampel in Spardorf (nach Osten) oder der Essenbacher Brücke (nach Nordosten/Norden).

Die Einschätzung der Schwierigkeit von leicht bis sehr schwer (1 Ritzel - 5 Ritzel) ist eine rein subjektive, man kann sich aber grob danach richten. Die teilweise empfohlenen Übersetzungen sind ebenfalls meine persönliche Einschätzung, denn natürlich kann man mit Kompaktkurbelübersetzung jede Tour fahren und wenn man trainierte Beine hat, ist das auch mit einer 39-23er Übersetzung möglich.

Die Kartenausschnitte stimmen nicht immer genau mit der Beschreibung überein, da einige Wege/Sträßchen nicht im Routenplaner enthalten sind. Der Zustand der Straßen ist aber immer „Rennradtauglich", bis auf 2 besonders erwähnte Schotterpassagen (Pettstädter Fähre und Schwarzer Keller). Und ich habe versucht, möglichst wenig befahrene Straßen/Wege für die Touren auszuwählen.

Jetzt aber viel Spaß beim Lesen, nachradeln oder beidem wünscht

Andreas Köhler.

3

1.   Aischtalkarpfentour (ca. 70km/450hm)

2.   Walberla und Feuerstein (Bahn ab Eggolsheim; ca. 90km/800hm)

3.   Naifermühlen- und Wiesenttaltour (Bahn ab Ebermannstadt; ca. 140km/1300hm)

4.   Zur Pettstädter Fähre (ca. 95km/600hm)

5.   Bergig nach Hohenschwärz und zum Schwarzen Keller (Bahn ab Eggolsheim; ca. 105km/1000hm)

6.   Andersrum ins Aischtal (ca. 75km/500hm)

7.   Die lange Spalter Hopfentour (Bahn ab Georgensgmünd, ca. 135km/1200hm)

8.   Huppendorfer Varianten (Bahn ab Bamberg; Var 1ca. 110km/900hm, Var 2 ca. 120km/1100hm)

9.   Die östliche Panoramatour (ca. 80km/650hm)

10.   „15-14-13"-Tour (ca. 80km/1100hm)

11.   Die Rüsselbach- Hersbrucktour (Bahn ab Hersbruck; ca. 110km/1100hm)

12.   Frankfurt ist nicht nur am Main (ca. 110km/800hm)

13.   Westwärts ins Ebrachtal (ca. 90km/600hm)

14.   Enzenreuth und Gräfenbergtour (ca. 95km/1100hm)

15.   Durchs Zenntal und ins Karpfenweihergebiet (ca. 110km/700hm)

| 16. | Zu den Kellern im östlichen Aischtal (ca. 70km/400hm) | ✹ |

16. Zu den Kellern im östlichen Aischtal
(ca. 70km/400hm)

17. Ampferbacher Maibocktour (ca. 110km/850hm)

18. Bamberger Spezial (Bahn ab Bamberg;
ca. 115km/750hm)

19. Meisterlich nach Unterzaunsbach (ca. 90km/1200hm)

20. Die Königsetappe (Bahn ab Ebermannstadt,
ca. 140km/1700hm)

2 Zusatztouren „kurz und flach" für den Feierabend

21. Rund um Herzogenaurach

22. Durch Knoblauchsland und Fürther Hinterland

Tourenkategorien: (1-5 Ritzel)

leicht und relativ flach (bis 75km/400hm)

leicht, etwas länger und hügelig (bis 90km/700hm)

schwierig, etwas länger und bergig (bis 100km/1000hm)

schwer, lang und bergig (bis 140km/ über 1000hm)

sehr schwer, lang und bergig (bis 140km/1700hm)

1. Aischtalkarpfentour

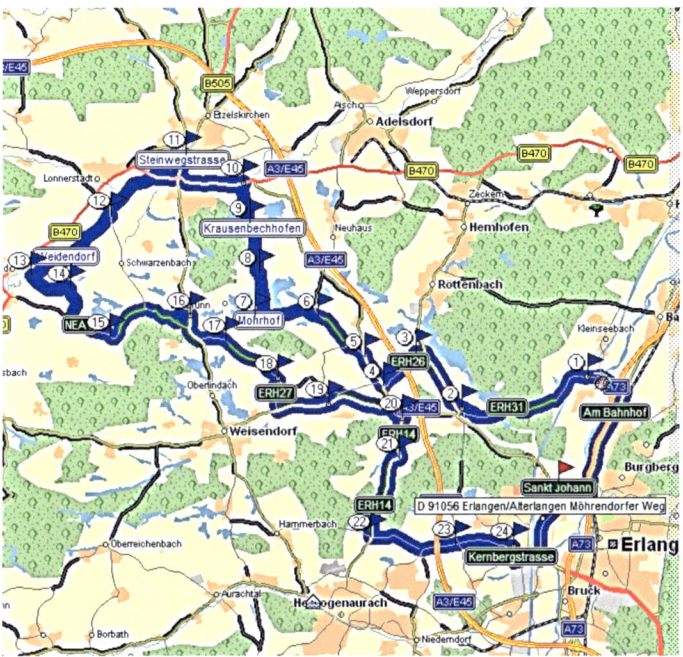

Ausgangspunkt der Tour ist der Möhrendorfer Weg neben dem „Langen Johann" in Erlangen. Von dort fahren wir auf der alten autofreien Kreisstraße nach Möhrendorf und biegen nach den ersten Häusern auf der linken Seite links in die Frankenstraße ab, fahren durch ein Wohngebiet bis zur Hauptstraße nach Dechsendorf. Erneut links überqueren wir den Main-Donau-Kanal, fahren am folgenden Kreisverkehr geradeaus nach Dechsendorf, ein kleines Stück am dortigen Weiher entlang und weiter auf der Naturbadstraße bis an deren Ende. Hier geht es rechts weiter und der Straße folgend links bis zur Röttenbacher Straße. Diese fahren wir, leicht ansteigend und durch den Kreisverkehr am Ortsende weiter bis wir links nach Röhrach abbiegen. Nach kurviger Ortsdurchfahrt und zwischen ein paar Karpfenteichen hindurch überqueren wir die A3 und kommen nach Hannberg. Gleich nach dem Ortsschild halten wir uns rechts und fahren am Ortsrand bis zur nächsten Kreuzung, an der wir rechts auf den Radweg nach Niederlindach abbiegen. Hier geht es kurz vor dem Ortsausgang links ab Richtung Dannberg und nach ca. 500m rechts weiter nach Hesselberg. Wir fahren gerade durch den Ort und dann auf kleinen Wirtschaftswegen direkt zwischen Karpfenweihern und einem Vogel-

7

schutzgebiet hindurch, wo im Frühjahr während der Brutzeit manchmal ein fast ohrenbetäubender Lärm herrscht. Mohrhof lassen wir links liegen, kommen nach Poppenwind und biegen wiederum links nach Krausenbechhofen ab. Über eine Anhöhe kommen wir in den Ort und nach der anschließenden Abfahrt erreichen wir Gremsdorf. Links ab fahren wir ein kleines Stück auf bzw. neben der Bundesstraße 470 und dann rechts auf dem Aischtalradweg durch den Aischgrund nach Höchstadt/Aisch. Am Ende des Radwegs biegen wir links ab, fahren bis zum Kreisverkehr und dann rechts erneut ein kleines Stück auf der B470 bis wir links auf kleine Kreisstraßen entlang der Aisch über Greiendorf und Sterpersdorf nach Voggendorf kommen. Man hat hier nach rechts einen wunderbaren Blick ins Aischtal und auf den dahinter liegenden Steigerwald und der Bierkeller der Brauerei Prechtel in Voggendorf liegt gleich links am Ortseingang - ein lohnendes Einkehrziel. Gute Brotzeiten, fränkisches Bier und eine tolle Aussicht auf die Karpfenweiher und Felder oberhalb des Aischtales.

Durch diese führt uns dann auch der Rückweg auf geteerten Wirtschaftswegen bzw. Kreisstraßen praktisch ohne Autoverkehr. Vom Keller aus geht es links leicht bergan über Gottesgab nach Peppenhöchstädt, hier links weiter nach Rohensaas und Ailersbach, immer leicht wellig bis zum Abzweig nach Boxbrunn. Den Ort lassen wir jedoch links liegen, fahren durch ein kleines Waldstück bis auf die Anhöhe und dann links ab nach Mechelwind.

(Karpfenweiher bei Kairlindach)

Ab hier geht's etwas flotter abwärts durch Mechelwind bis nach Kairlindach. In weitem Bogen erreichen wir Neuenbürg und danach

Großenseebach. Hier fahren wir am Orteingang links auf dem Radweg weiter und kommen erneut nach Hannberg, fahren aber jetzt nach rechts in den Ort auf eine Kuppe hinauf. Wir biegen links ab und kurz vor dem Parkplatz nach ca. 100m beginnt rechts der Radweg nach Hessdorf. Diesem folgen wir bis in die Ortsmitte und biegen dann rechts ab nach Untermembach und Beutelsdorf. Außer durch Untermembach fahren wir die ganze Strecke auf neuen breiten Radwegen und auf dem Teilstück nach Beutelsdorf ist noch ein kleiner Hügel zu bewältigen. Am Kreisverkehr biegen wir links ab und lassen es locker über Haundorf und Häusling bis nach Büchenbach ausrollen. Hier überqueren wir wieder den Kanal, fahren hinunter bis zur Kreuzung an der Neumühle und dann links auf dem Radweg bzw. der Möhrendorferstr. zurück zum Ausgangspunkt der Tour am „Langen Johann".

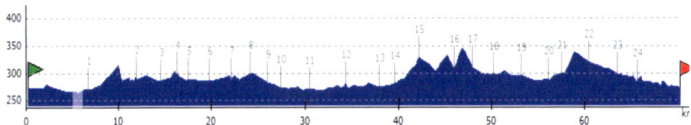

Erlangen-Möhrendorf(1)-Dechsendorf(2)-Röhrach(3)-Hannberg(4)-
Niederlindach(5)-Hesselberg(6)-Mohrhof(7)-Poppenwind(8)-
Krausenbechhofen(9)-Gremsdorf(10)-Höchstadt(11)-Sterpersdorf(12)-
Voggendorf(13)-Gottesgab(14)-Rohensaas(15)-Boxbrunn(16)-
Mechelwind(17)-Kairlindach(18)-Großenseebach(19)-Hessdorf(20)-
Untermembach(21)-Beutelsdorf(22)-Häusling(23)-Büchenbach(24)-
Erlangen

2. Walberla und Feuerstein ✳✳✳

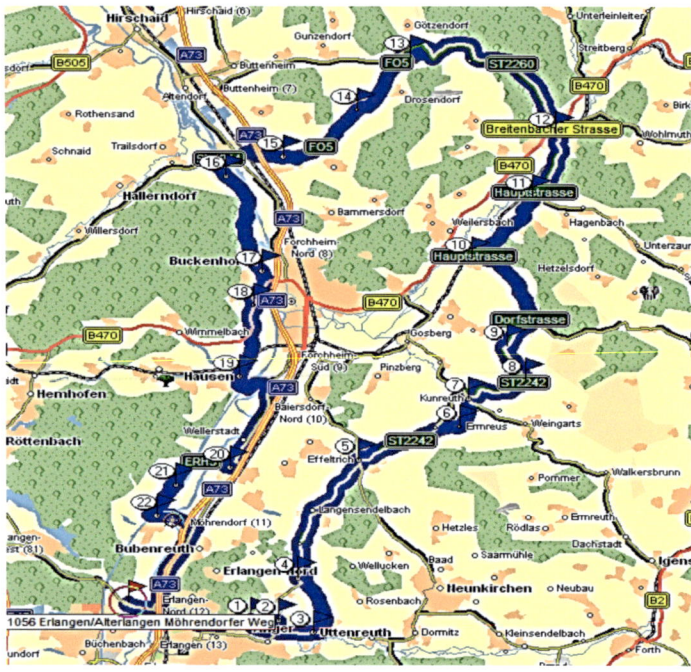

Startpunkt der Tour ist die Ampel in Spardorf/Buckenhof. Ab hier fahren wir nach Uttenreuth, wo wir links nach Marloffstein abbiegen und einen ersten Anstieg hinauf fahren. Nach ca. 2km sanfter Bergauffahrt erreichen wir Marloffstein, in der Ortsmitte biegen wir rechts ab Richtung Effeltrich und erklimmen den „Paß Marloffstein" mit 390m Höhe. Von hier hat man eine tolle Aussicht in die Fränkische Schweiz und auf das nächste Ziel, den „Berg der Franken – das Walberla". Als nächstes kommt eine rasante Abfahrt über Adlitz hinunter nach Langensendelbach, einige enge Kurven und mehr als 10% Gefälle sind recht tückisch – es heißt aufpassen und bremsbereit sein. In Langensendelbach fahren wir rechts aus dem Ort hinaus und wellig durch Felder und Wiesen geht's nach Effeltrich, das vor allem durch seine 1000-jährige Linde bekannt ist, an der unser Weg direkt vorbei führt. Wir biegen an der Linde rechts ab und nach dem Verlassen des Ortes folgt ein längerer sanfter Anstieg nach Gaiganz. Nach einer kurzen Abfahrt in den Ort hinein biegen wir rechts ab, es geht einen kurzen steilen Stich hinauf in ein Obstanbaugebiet und weiter leicht aufwärts nach Ermreus, durch den kleinen Ort und steil hinunter in eine

Senke und den Gegenanstieg hinauf nach Kunreuth. An dessen Ende biegen wir links in den Ort ab, fahren bis in die Ortsmitte und halten uns dann rechts Richtung Mittelehrenbach! Zuerst geht es einen etwas steileren Berg hinauf durch weitere Kirsch- und Obstplantagen. Auf der Höhe hat man erneut eine tolle Aussicht aufs Walberla, das Windrad von Kasberg und die Hügel, Wälder und Obstplantagen der fränkischen Schweiz. In Mittelehrenbach fahren wir links in Richtung Dietzhof direkt auf das Walberla zu. Wir biegen aber vorher rechts ab nach Dietzhof und dann links nach Leutenbach und fahren das Leutenbachtal hinunter. Es liegt genau zwischen den bewaldeten Osthängen des Walberlas links und den Ausläufern des Naturparks Fränkische Schweiz-Veldensteiner Forst auf der rechten Seite – eine meiner Lieblingsstrecken, nicht nur wegen der Aussicht, sondern auch wegen der Streckenbeschaffenheit – es geht leicht bergab und man kann das Rad richtig gut „laufen lassen".

In Kirchehrenbach hat man 2 Optionen. Entweder man fährt über die Wiesent und den Radweg an der B 470 nach Ebermannstadt oder man nimmt die Staatsstraße auf der anderen Seite des Wiesenttals über Pretzfeld. Hier muß man den Pretzfelder Berg mit seiner 13% Rampe erklettern. Oben kann man aber eine erste Einkehr auf den Pretzfelder Kellern einlegen, die eine herrliche Sicht nach Forchheim/Bamberg und ins Wiesenttal bieten – um sie zu erreichen, ist nochmal ein kurzes steiles Stück Straße zu bewältigen. Nach der Einkehr geht's weiter nach Ebermannstadt(EBS) und am östlichen Ende des Städchens – leider muß man entweder auf der Bundesstraße oder auf Kopfsteinpflaster durch EBS radeln – biegt man links ab auf die Staatsstraße in Richtung Drügendorf. Jetzt geht es ca. 7 km leicht bergauf, bis man die Höhe der Burg Feuerstein erreicht, knapp 500m. Dann fährt man eine Serpentine und eine rasante Abfahrt hinunter nach Drügendorf, biegt links ab und erreicht nach ca. 3 km Weigelshofen. Kurz vor dem Ortsschild biegen wir scharf links ab zum „Schwarzen Keller". Ein erneuter Anstieg folgt, zuerst geteert, dann feiner Schotter und am Schluß muß man einige 100m schieben bis es rechts ab zum Keller geht. Jetzt noch gute 50m und wir sind am Ziel. Die Aussicht Richtung Nordwesten, die Ruhe und überhaupt die Lage des Kellers entschädigt für die etwas beschwerliche Anfahrt. Jetzt können wir eine gute Brotzeit (z.B. mit Zibberleskäs) und ein leckeres Kellerbier genießen.

(die Aussicht vom Schwarzen Keller Richtung Nordwesten)

Alle Schwierigkeiten der Tour sind nämlich jetzt erledigt und der Rückweg ist, bis auf einige Brücken, durchweg flach. Zuerst schiebend treten wir diesen an, fahren dann hinunter nach Weigelshofen und durchs Eggerbachtal bis Eggolsheim, dort über die A73 nach Neuses und über den Kanal. Gleich danach geht es links nach Pautzfeld und nach der kurvigen Ortsdurchfahrt weiter bis links der geteerte Radweg beginnt. Dieser geht in den Kanalradweg nach Forchheim über und auf diesem fahren wir bis nach Hausen. Dort überqueren wir den Kanal an der Schleuse und fahren am Fuß der Kanalbrücke scharf rechts ab auf den Radweg durch den Regnitzgrund bis nach Baiersdorf. Nach der Regnitzbrücke biegen wir im Ort rechts ab und fahren auf dem Wellerstädter Weg weiter bis zum Abzweig nach Röttenbach, erneut über den Kanal und nach der Brücke links nach Kleinseebach und Möhrendorf. Bis wir zum Kreisverkehr kommen bleiben wir auf der rechten Kanalseite, dann folgt nach links die letzte Kanalüberquerung und nach dieser fahren wir an der Ampel rechts auf die Frankenstraße durch Möhrendorf. An deren Ende kommen wir rechts auf die alte Kreisstraße, die uns zurück nach Erlangen bringt.

Auf dieser Tour gibt es nur wenige Radwege, die Straßen sind aber überwiegend in gutem Zustand – nur die Anfahrt zum Keller ist ein Schotterweg.

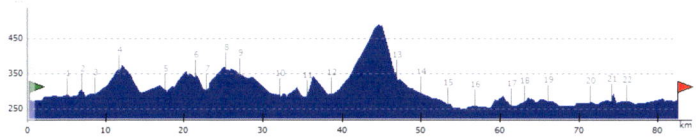

Erlangen(1)-Spardorf(2)-Uttenreuth(3)-Marloffstein(4)-Effeltrich(5)-
Ermreus(6)-Kunreuth(7)-Mittelehrenbach(8)-Dietzhof(9)-
Kirchehrenbach(10)-Pretzfeld(11)-Ebermannstdat(12)-Drügendorf(13)-
Weigelshofen(14)-links ab zum   Schwarzen Keller-Weigelshofen(14)-
Eggolsheim(15)-Pautzfeld(16)-Buckenhofen(17)-Burk(18)-Hausen(19)-
Baiersdorf(20)-Kleinseebach(21)-Möhrendorf(22)-Erlangen

3. Naifermühlen- und Wiesenttaltour

Startpunkt der Tour ist die Ampel in Spardorf/Buckenhof. Ab hier fahren wir bis Uttenreuth und biegen kurz vor dem Ortsende an der Pizzeria links ab und gleich wieder rechts in ein Wohngebiet. Wir kommen auf eine Anhöhe und fahren durch Wiesen und Felder nach Rosenbach, biegen im Ort erst links und gleich wieder rechts Richtung Neunkirchen am Brand ab. Jetzt geht es einen ersten kleinen Hügel zum Aufwärmen hinauf durch ein Waldstück und gleich wieder hinunter nach Neunkirchen. Wir fahren in den Ort auf einem kleinen Stück Kopfsteinpflaster, durch ein Stadttor und halten uns dann rechts bis in die Ortsmitte. Hier halten wir uns links und nach ca. 100m biegen wir links nach Großenbuch ab. Ein etwas steilerer Anstieg führt aus dem Ort hinaus auf einen Radweg, an dessen Ende Großenbuch liegt. Der Ort liegt in einem kleinen Tal, also geht es erst kurz hinab, im Ort rechts bis auf eine Anhöhe und dann durch Felder auf einer kleinen Straße hinunter nach Kleinsendelbach, eine wunderschöne Abfahrt mit eines tollen Aussicht auf die Kalchreuther Höhe. Wir erreichen Kleinsendelbach und fahren links Richtung Eckental erst auf der Staatsstraße und ab dem Ortsausgang von Steinbach auf dem Radweg bis nach Eckental/Frohnhof – erst rechts und ab dem Abzweig nach Eckental/Brand links der Straße. In Frohnhof geht es rechts weiter nach Forth, an der Kreuzung im Ort links ca. 150m auf die B2 und dann rechts ab Richtung Mausgesees. Doch dieses nette Örtchen erreichen wir nicht, denn vorher biegen wir links nach Ebach ab. Nach dem Ort folgt ein längerer Anstieg durch Felder und ein Waldstück bis zum Abzweig nach Benzendorf. An diesem fahren wir links hinab, biegen im Ort rechts ab Richtung Oedhof und am Ortsausgang gleich wieder rechts nach Illhof und Kirchröttenbach.

Bis wir Illhof erreichen brausen wir noch durch eine Senke mit anschlie   ßendem etwas steilerem Anstieg, auf der Höhe fahren wir rechts und folgen der Straße hinunter nach Kirchröttenbach. Die Abfahrt in den Ort verführt zu schnellem hinunterfahren, allerdings endet die Abfahrt an einer Vorfahrtstraße, also besser rechtzeitig bremsen. Weiter fahren wir über Laipersdorf, im Ort links zwischen einigen Hopfenfeldern hindurch nach Untersdorf und Großbellhofen. Nach dem Ort fahren wir noch einen Schlenker nach rechts über Kleinbellhofen bis zur Verbindungsstraße nach Schnaittach. An dieser biegen wir links ab, fahren ca. 300m und dann rechts am Autohof vorbei, unter der A9 durch und an einigen Autohäusern vorbei hinunter zum Abzweig nach Simmelsdorf. Hier beginnt links gleich ein Radweg, dem wir bis zum Ende in Simmelsdorf folgen. In Simmelsdorf fahren wir rechts ab nach Diepoltsdorf, in der Ortsmitte links nach Utzmannsbach und folgen dann bis Großengsee immer der Straße entlang der Naifermühlen. Es geht leicht bergauf, teilweise durch Wald und entlang wunderschöner Waldwiesen, eine herrliche Gegend und wenig Verkehr. Wir erreichen Großengsee und fahren geradeaus weiter durch den Ort Richtung Hiltpoltstein, immer noch leicht bergauf bis es in einem Waldstück noch etwas steiler wird, nach Erreichen der Anhöhe geht es bis in den Ort dann bergab. Oberhalb vom Stadttor treffen wir auf die B2, biegen links auf diese ab und fahren auf der Bundesstraße durch Hiltpoltstein und weiter auf dem Radweg bis nach Kappel. Im Ort müssen wir wieder auf die B2 und auf dieser dann auch eine rasende Abfahrt hinunter in eine Senke, bis erneut ein Radweg beginnt. Steil geht's hinauf nach Kemmathen, durch den Ort und immer auf dem Radweg bis wir oberhalb von Gräfenberg rechts nach Gräfenbergerhüll abbiegen. Nach ca. 1km auf der Staatsstraße geht es links ab in den kleinen Ort und nach der Ortsdurchquerung weiter nach Neusles. Wieder fahren wir leicht bergauf mit einer kleinen Rampe im Ort, an deren Ende biegen wir rechts ab und nach einer Kuppe brausen wir durch den Wald nach Hohenschwärz hinein. Am Ende der Straße biegen wir links ab und nach wenigen Metern erreichen wir links die Brauereigaststätte Hofmann, wo wir uns bei Bratwürsten und einem „Hofmannstropfen" für den zweiten Teil der Tour stärken können.

Dieser führt uns zuerst nach links Richtung Thuisbrunn, bevor wir den Ort erreichen, biegen wir jedoch rechts auf einen gepflasterten Wirtschaftsweg ab. Dieser führt zwischen Feldern hindurch bis zur Straße nach Hammerbühl, auf die wir nach links einbiegen. Und gleich befinden wir uns auf einer rasanten Abfahrt ins Trubachtal hinunter, erreichen Hammerbühl und müssen eine Vollbremsung hinlegen, da wir hier scharf rechts Richtung Obertrubach ins Trubachtal abbiegen. Leicht ansteigend fahren wir das wunderschöne Tal hinauf, vorbei an einigen Mühlen und kurz vor Obertrubach befindet sich rechts eine kleine Kneippanlage, wo man an heißen Tagen seine Füße kühlen kann für die folgenden schweren Anstiege.

Dann erreichen wir Obertrubach und befinden uns in der tiefsten fränkischen Schweiz. In der Ortsmitte biegen wir links ab und jetzt geht's hinauf nach Bärnfels, Kleingesee und über Stadelhofen nach Gößweinstein mit seiner Wallfahrtskirche. Eine 18%ige Abfahrt durch ein Waldstück – Vorsicht ist geboten - hinunter nach Behringersmühle bringt uns ins Wiesenttal. Hier müssen wir ein Stück auf der B 470 fahren, bis wir auf geteerte Radwege kommen, die dann bis Forchheim fast lückenlos sind. Vorbei an einigen Mühlen, der Ruine Neideck und mit immer wieder tollen Ausblicken das Wiesenttal hinunter fahren wir über Ebermannstadt bis zum Forchheimer Stadtteil Reuth. Hier biegen wir an der Ampel links ab nach Wiesenthau und haben jetzt wieder das Walberla im Blick.

(Blick aufs Walberla von Nordosten)

An diesem fahren wir rechts vorbei nach Gosberg, halten uns am Ortseingang gleich rechts und kommen direkt am Biergarten „Gleis 364" neben der Bahnstrecke vorbei. Hier könnten wir nochmal einkehren, auch wenn die letzten ca. 20 flachen Kilometer keine Stärkung mehr erfordern. Wir fahren zuerst auf dem Radweg neben den Bahngleisen entlang, folgen diesem dann Richtung Forchheim, vorbei an Sigritzau und biegen an seinem Ende links nach Kersbach ab. Vor dem Ort fahren wir rechts Richtung Bahnhof, biegen jedoch vor Erreichen der Bahnstrecke links auf einen Wirtschaftsweg ab. An dessen Ende geht es rechts ca. 500m Richtung Baiersdorf, vor der Bahnbrücke aber erneut links auf einen geteerten Wirtschaftsweg, dem wir bis nach Poxdorf folgen. Ab hier geht es dann rechts weiter auf dem Radweg neben der Straße, vorbei an Hagenau bis nach Baiersdorf. Wir überqueren Bahn und A73, fahren bis in die Ortsmitte, biegen an der Ampel links ab und dann gleich wieder rechts. Dem Straßenverlauf folgend halten wir uns zuerst links und an der nächsten Kreuzung rechts Richtung Röttenbach. Nach der Kanalbrücke biegen wir dann links ab und fahren über Kleinseebach nach Möhrendorf, bleiben immer rechts vom Kanal bis zum Kreisverkehr, nach diesem überqueren wir die Wasserstraße zu letzten Mal, biegen nach der nächsten Ampel rechts ab und fahren zurück zum Ausgangspunkt am „Langen Johann".

Diese Tour ist gut 140km lang und mit über 1300hm recht bergig. Der Radweganteil ist nicht so hoch, aber bis auf ein kurzes Stück auf der Bundesstraße sind die Straßen relativ wenig befahren – nur am Wochenende muß man vermehrt mit Motorradfahrern rechnen.

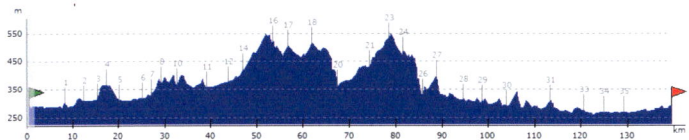

Spardorf-Uttenreuth(1)-Rosenbach(2)-Neunkirchen(3)-Großenbuch(4)-Kleinsendelbach(5)-Frohnhof(6)-Ebach(7)-Benzendorf(8)-Oedhof(9)-Kirchröttenbach(10)-Schnaittach(11)-Simmelsdorf(12)-Diepoldsdorf(13)-Utzmannsbach(14)-Großengsee(15)-Hiltpoltstein(16)-Kemmathen(17)-Neusles(18)-Hohenschwärz(19)-Hammerbühl(20)-Obertrubach(21)-Bärnfels(22)-Kleingesee(23)-Stadelhofen(24)-Gößweinstein(25)-Behringersmühle(26)-Sachsenmühle(27)-Muggendorf(28)-Streitberg(29)-Ebermannstadt(30)-Wiesenthau(31)-Gosberg(32)-Kersbach(33)-Baiersdorf(34)-Möhrendorf(35)-Erlangen

4. Zur Pettstädter Fähre

Ab dem „Langen Johann" geht es flach durch den Wald nach Möhrendorf, neben dem Kanal auf Kreisstraßen durch Kleinseebach bis zur Abzweigung nach Baiersdorf. Wir biegen rechts ab über den Kanal und fahren bis zum Ortseingang, um dort gleich links abzubiegen und bis zum Ortsteil Wellerstadt weiterzufahren. Hier biegen wir nach links ab auf den Radweg durch den Regnitzgrund und fahren bis zur Schleuse in Hausen. Bei dieser wird der Kanal erneut überquert und leicht ansteigend geht's durch Hausen bis zum Radweg an der B470. Der führt rechts nach Forchheim und wir folgen ihm bis zum Abzweig nach Buckenhofen. Nach dem linksabbiegen geht's wiederum leicht bergan durch den Ort und anschließend nach Pautzfeld, erst flott bergab und dann flach weiter. In Pautzfeld sind einige enge Kurven zu durchfahren, was aber meistens richtig Spaß macht – wenn der Verkehr es zuläßt. Kurz hinter Pautzfeld treffen wir auf die Staatsstraße Eggolsheim – Adelsdorf, biegen rechts ab nach Neuses, überqueren wieder den Kanal, die Bahnstrecke und die A73 um am Ortsrand von Eggolsheim links in Richtung Buttenheim weiterzufahren. Hier geht es leicht hügelig weiter, am St.Georgenkeller vorbei in den Ort hinein, rechts auf der Staatsstr. weiter nach Seigendorf und hier ist der einzige etwas steilere Anstieg der Tour zu bewältigen. Im Ort biegen wir links ab und in rasanter Abfahrt geht's hinunter nach Hirschaid. Am Orteingang biegen wir rechts ab nach Strullendorf, umfahren Hirscheid und auf der alten B4 bis ca. Ortsmitte Strullendorf, biegen links ab und kommen dann auf den Radweg zur Schleuse. Vor dieser kommt ein kleiner Wegweiser zur Fähre und rechts abbiegend folgen wir diesem. Nach einigen 100m wird aus der Teerstraße ein Schotterweg und nach knapp 1 km erreichen wir die Regnitz und die Fähre.

(Pettstädter Fähre von Osten)

Für 1€ pro Person und Rad wird man übergesetzt – sollte die Fähre am anderen Ufer sein, hilft der Ruf „Fährmann, setz über". Auf Radwegen geht's durch Pettstadt hindurch und entlang der alten Bahnstrecke nach Reunhof. Von weitem sieht man schon links am Waldrand die Fahne des Schmausenkellers wehen und eine Einkehr ist unausweichlich. Kalte und warme Mahlzeiten und das Kellerbier der Brauerei Müller stillen Hunger und Durst und man hat eine wunderbare Aussicht über das Tal der „Rauhen Ebrach".

(Blick vom Schmausenkeller ins Tal der „Rauhen Ebrach")

Nach der Einkehr geht's wieder hinunter ins Tal. Wir halten uns links und fahren auf Rad- und Wirtschaftswegen entlang der alten Bahnstrecke nach Frensdorf. Hier biegen wir links ab und fahren über eine Kuppe nach Herrnsdorf, biegen vor dem Ort rechts ab nach Lonnershof und Wingersdorf. In der Ortsmitte fahren wir links weiter Richtung Schweinbach. Immer auf verkehrsarmen Wirtschaftswegen geht es an Schweinbach vorbei leicht ansteigend über eine Anhöhe und dann durch ein Waldstück bis zu einer Kreuzung. Hier fahren wir geradeaus Richtung Aisch, in den Ort hinein, an der Kirche vorbei und nach dem Brauereigasthof Rittmayer biegen wir rechts ab und überqueren die Aisch. Nach der Brücke geht es gleich links durch den Wiesengrund an Adelsdorf vorbei, am Ende des Radwegs rechts bis zur nächsten Kreuzung. An dieser biegen wir links ab Richtung B470 und nach ca. 400 m rechts nach Wiesendorf. Vorher müssen wir links noch die Bahnstrecke überqueren, fahren durch die wenigen Häuser in Wiesendorf und am Ortsende links auf den Radweg. Dieser mündet nach der Brücke auf den Radweg Höchstadt-Forchheim, der neben der B470 verläuft. Nach der Brücke fahren wir links einen sanften Anstieg hinauf und sehen rechts schon die Häuser von Zeckern. Hierhin biegen wir dann auch ab und fahren zwischen einigen Karpfenweihern hindurch in den Ort hinein. Es geht einige Höhenmeter hinauf und um ein paar Ecken herum, dann rechts und vor der Gärtnerei links bis wir schließlich auf der Anhöhe die Straße nach Hemhofen und Röttenbach erreichen. Auf diese biegen wir rechts ab, durchfahren die Orte - in Hemhofen nach der „S-Kurve" heißt es reintreten, damit man die Ampel bei grün erwischt und den Schwung der kurzen Abfahrt mitnehmen kann - und mit diesem hat man auch schon beinahe Röttenbach erreicht. Nach der langen Ortsdurchfahrt kommen wir auf den nach dem Kreisverkehr beginnenden neuen Radweg nach Dechsendorf, der allerdings in Röhrach aufhört. Ab hier müssen wir die Straße nehmen und etwas aufpassen, denn gerade das Stück durch den Wald ist wegen der nicht allzu breiten Straße bei Autoüberholmanövern gefährlich. Nach Dechsendorf rollen wir auf der kurzen Abfahrt bis zur Ampel, fahren an dieser links und auf dem Seitenstreifen bis zur Kanalbrücke nach Erlangen. Die Auffahrt zum Kanal zwingt uns nochmal dazu, die Straße zu benutzen und wenn man es „krachen läßt", kann man mit „Kette rechts" die letzten Körner bis zum Scheitelpunkt der Kanalbrücke verbrennen. Danach können wir es locker ausrollen lassen und kommen wieder am „Langen Johann" an.

Die Tour ist ca. 95km lang und gut 600hm sind zu bewältigen.

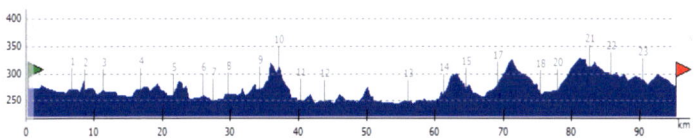

Erlangen-Möhrendorf(1)-Kleinseebach(2)-Baiersdorf(3)-Hausen(4)-Buckenhofen(5)- Pautzfeld(6)-Neuses(7)-Eggolsheim(8)-Buttenheim(9)-Seigendorf(10)-Hirschaid(11)-Strullendorf(12)-Kanalschleuse-Pettstädter Fähre   (Regnitzüberquerung)-Pettstadt(13)-Reunhof-Schmausenkeller-Frensdorf(14)-Herrnsdorf(15)-Lonnershof(16)-Wingersdorf-Schweinbach(17)-Aisch(18)-Adelsdorf(19)-Wiesendorf(20)-Zeckern(21)-Röttenbach(22)-Dechsendorf(23)-Erlangen

5. Bergig nach Hohenschwärz und zum Schwarzen Keller

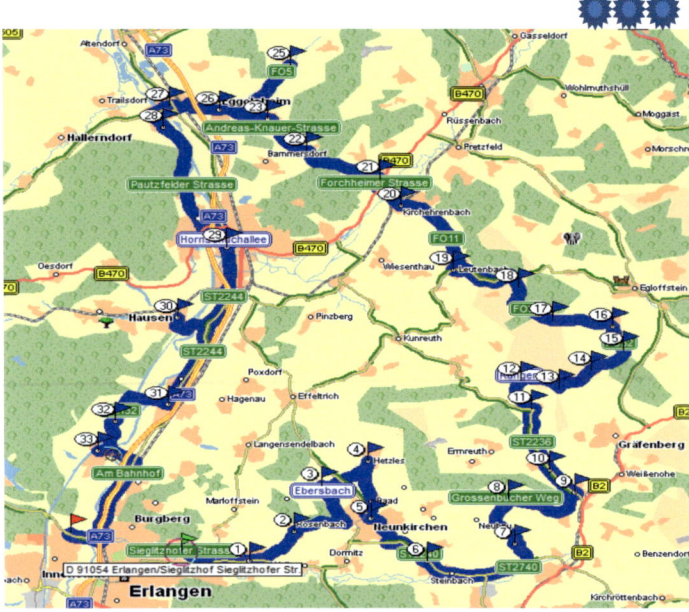

Startpunkt für diese Tour Richtung Osten ist erneut die Ampel in Spardorf/Buckenhof. Ab hier geht's über Uttenreuth auf dem Radweg nach Weiher. Dieder endet am Ortseingang und wir fahren nach links Richtung Rosenbach. Dort geht es in der Ortsmitte rechts ab nach Neunkirchen und nach dem Ortsausgang einen kleinen Hügel zum „Warmfahren" durch ein Waldstückchen hinauf. Nach der Kuppe folgt eine rasante Abfahrt nach Neunkirchen, wir biegen allerdings vor dem Ortsschild links ab in ein kleines Seitental nach Ebersbach. Im Ort folgen wir dann der Beschilderung nach Forchheim hinauf bis zur Staatsstraße Neunkirchen-Forchheim. Diese überqueren wir, fahren hinab nach Hetzles und biegen im Ort rechts ab auf den Radweg nach Neunkirchen/Brand. Durch das Stadttor hindurch fahren wir in den Ort, halten uns leicht links vom Ortskern und fahren auf der Gräfenbergerstr. bis zum Ortsausgang, hier beginnt links der Radweg nach Kleinsendelbach. Er führt uns über einen kleinen Hügel mit einer schönen Aussicht nach rechts auf die Kalchreuther Höhe. In Kleinsendelbach endet der Radweg, wir fahren auf der Staatsstraße nach Steinbach und auf dem am Ortsende beginnenden Radweg weiter bis zum Abzweig nach Eckental, dann wechselt der Radweg auf die andere Straßenseite und wir folgen ihm bis zum Abzweig nach Pettensiedel. Dort biegen wir links ab und fahren über Pettensiedel bis Etlaswind. Nach dem Ort folgt der erste kurze, aber knackige Anstieg Richtung Oberlindelbach. An dessen Ende ist auf der Anhöhe ein Wanderparkplatz mit wunderbarer Aussicht auf den Rödlas, falls man eine kurze Verschnaufpause braucht. Hinunter geht's dann schneller nach Oberlindelbach und nach dem Ort folgt eine sanfte, aber rasante Abfahrt über Unterlindelbach bis Igensdorf. Gleich hinter der Brücke am Ortseingang biegen wir scharf links ab auf einen Radweg entlang eines kleinen Hopfenanbaugebietes und durch Felder hindurch bis nach Dachstadt. Im Ort folgen wir den Radwegschildern nach Letten, weiter zwischen Wiesen und Feldern hindurch ca. 500m bis zu einem Rechtsknick, der uns wieder auf die Straße zurückbringt (der Teerweg führt auch weiter geradeaus, endet aber bald). Hier fahren wir links Richtung Walkersbrunn, immer leicht bergauf, im Ort wird es schon etwas steiler und es folgt der 14%-ige Anstieg nach Kasberg hinauf. Alternativ kann man links aus dem Ort hinaus fahren und dann Richtung Rangen rechts abbiegen. Hier geht es zuerst durch Wiesen und Felder leicht bergauf in ein kleines Tal und dann in mehreren Serpentinen hinauf nach Rangen. Wir durchfahren den kleinen Ort und weiter bergauf bis zum Windrad von Kasberg, wo die Alternativroute endet. Wir fahren rechts am Windrad vorbei nach Kasberg, biegen links ab in den Ort und fahren weiter über Neusles nach Hohenschwärz. Hier bieten sich zwei Möglichkeiten für eine erste Einkehr, entweder der Biergarten vom Buchwaldstüberl (leckere Suppen/ Brotzeiten und verschieden Biere, z.B. Lindenbräu aus Gräfenberg) oder die schon erwähnte Brauereigaststätte Hofmann mit z.B. leckeren Bratwürsten und dunklem „Hofmannstropfen-Bier".

Nach einer kleinen Stärkung geht's weiter in flotter Fahrt auf neuem Asphalt hinunter nach Thuisbrunn und nach dem Ort wieder hinauf nach Haidhof, über eine Kuppe hinweg und dann rechts ab, nochmal über einen kleinen Stich nach Seidmar. Ab hier folgt eine längere Abfahrt hinunter nach Leutenbach, vorbei an der St Moritz Kapelle bis in den Ort hinein, in dem wir rechts abbiegen und das Leutenbachtal hinunter fahren bis Kirchehrenbach. Linker Hand sehen wir die Rückseite des Walberlas und vor uns haben wir immer die Reifenberger Kapelle im Blick. In Kirchehrenbach halten wir uns leicht rechts und fahren durchs Wiesenttal hinüber nach Weilersbach, überqueren die B470 und in der Ortsmitte geht es links ab und ca. 2 km bergauf bis zum Abzweig zur Retterner Kanzel. Von hier hat man einen wunderbaren Ausblick Richtung Bamberg und ins Regnitztal, den wir jetzt die ganze Abfahrt bis hinunter nach Eggolsheim (durch Rettern und Kauernhofen) genießen können. Es ist zwar leicht wellig und die Ortsdurchfahrt von Rettern etwas holprig, aber insgesamt eine sehr schöne Strecke. In Eggolsheim biegen wir rechts ab auf den Radweg durch das Eggerbachtal nach Weigelshofen, fahren bis zum

Ortsausgang und dann leicht rechts dem Schild „Schwarzer Keller" folgend in den

(Kellerhäuschen vom Schwarzen Keller)

Wald hinauf. Nach gut einem km endet die Teerstraße und es folgt ein leicht geschottertes Teilstück, das man noch problemlos befahren kann. Erst auf Höhe des Parkplatzes im Wald muß man absteigen und ca. 300m den Berg hinauf schieben, noch ein kleines Stück rechts durch den Wald rollen und man ist am Ziel „Schwarzer Keller" angelangt. Gute Brotzeiten, Kuchen und leckeres Kellerbier warten hier neben einer ganz tollen Aussicht auf die Höhenzüge östlich von Bamberg (siehe auch Tour2).

Gestärkt können wir dann auf die flache Rückfahrt gehen, über Eggolsheim nach Neuses, dort über den Kanal, links ab über Pautzfeld auf den Radweg nach Forchheim, immer am Kanal entlang bis Hausen. Dort überqueren wir erneut den Kanal und fahren am Fuß der Brücke scharf rechts auf den Radweg durch den Regnitzgrund nach Baiersdorf. Nach dem überqueren der Regnitz in Baiersdorf biegen wir rechts ab und folgen immer der Straße bis wir wieder auf den Radweg nach Erlangen kommen, fahren weiter durch den Wiesengrund bis Möhrendorf, biegen im Ort links ab und kommen schließlich am langen Johann wieder in Erlangen an.

Insgesamt haben wir ca. 105km und gut 1000hm hinter uns, bis auf das Stück zum Keller hinauf immer auf gut geteerten Straßen/Radwegen und nur die Auffahrt nach Rangen ist etwas holprig, was bergauf aber kein Problem ist.

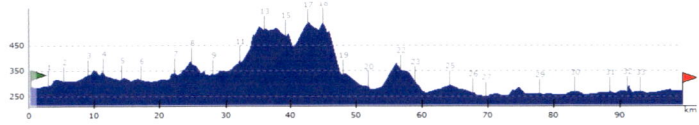

Spardorf(Ampel)-Uttenreuth(1)-Rosenbach(2)-Ebersbach(3)-Hetzles(4)-
Neunkirchen(5)-Kleinsendelbach(6)-Steinbach(7)-Pettensiedel(8)-
Oberlindelbach(9)-Unterlindelbach-Igensdorf(10)-Dachstadt-
Walkersbrunn(11)-(Rangen)-Kasberg(12)-Neusles(13)-
Hohenschwärz(14)-Thuisbrunn(16)-Haidhof(17)-Seidmar(18)-
Leutenbach(19)-Kirchehrenbach(20)-Weilersbach(21)-Rettern(22)-
Kauernhofen(23)-Eggolsheim(24/26)-Weigelshofen(25)-
„SchwarzerKeller"-Neuses(27)-Pautzfeld(28)-Forchheim(29)-
Hausen(30)-Baiersdorf(31)-Möhrendorf(32)-Alterlangen

Startpunkt für diese Tour ist das Freibad West. Ab hier fahren wir den Radweg nach Büchenbach über den Kanal und dann weiter nach Häusling, Haundorf und Beutelsdorf. Es geht immer sanft bergauf auf teilweise neuen breiten Radwegen. Am Kreisverkehr in Beutelsdorf fahren wir geradeaus nach Hammerbach ein Stück auf rauhem Asphalt durch den Wald, beim Verlassen des Waldes wird die Straße wieder besser und wir kommen mit einer kurzen Abfahrt nach Hammerbach. Hier biegen wir nach links ab und nach ca. 50m gleich wieder rechts. Nach erneut ca. 100m fahren wir leicht links und aus dem Ort heraus auf einer kleinen Straße sanft bergauf nach Buch. Oben angelangt biegen wir rechts ab und im Ort gleich wieder links auf einen Wirtschaftsweg. Dieser führt durch Wiesen und Felder nach Unterreichenbach und ist ziemlich ausgefahren – nichts für schnelle Antritte. Am Ende ist noch eine kleine Abfahrt, die an einer Vorfahrtstraße endet, man kann das Rad also nicht „laufen lassen". Rechts ab geht es weiter nach Oberreichenbach (nicht dem Schild folgen), zuerst auch wieder auf einer etwas schlechteren Straße, die aber am Fuße eines kleinen Anstiegs besser wird. Zwischen einigen Bauernhöfen hindurch kommen wir nach Oberreichenbach, biegen rechts ab und fahren direkt auf die Brauerei Geyer zu. Diese lassen wir rechts liegen und biegen nach ca. 150m wieder rechts ab Richtung Grundschule. Ohne weitere Ortsschilder folgen wir immer der Straße, vorbei an Karpfenweihern, einem Aussiedlerhof, Feldern, durch kleine Wäldchen hindurch, eine kleine Anhöhe hinauf und hinunter durch eine wunderschöne und ruhige Gegend praktisch ohne Autoverkehr – reines „Genußradeln". Nach einigen weiten Kurven erreichen wir erneut eine kleine Anhöhe und nach dieser geht's hinunter nach Emelsdorf. (Freunde kurzer und steiler Rampen können auch über Kästel fahren: man biegt nach einem Waldstückchen rechts ab und kommt über eine Kuppe hinunter nach Kästel, im Ort geht es eine 15%ige Rampe hinauf, damit die Waden mal etwas zu tun bekommen. Nach dieser erreicht man die Straße zwischen Birnbaum und Rezelsdorf und wir biegen links Richtung Birnbaum ab. Im Ort erneut links in Richtung Hoholz/Emskirchen eine leichte Steigung hinauf bis zum Abzweig nach Willmersbach.)

Hier treffen wir auf die flache Variante der Tour, die nach Emelsdorf durch ein kleines Wäldchen nach Willmersbach führt. In den Ort geht's auf einer schnellen Abfahrt, aber wegen einiger Schlaglöcher kann man es nicht einfach „laufen lassen". Kurz vor dem Ortsausgang biegen wir links ab nach Göttelhöf und fahren eine Anhöhe hinauf mit schönem Blick in Richtung Steigerwald. Weiter geht's in Göttelhöf rechts nach Altenbuch eine rasante Abfahrt auf gutem Belag hinunter bis zur B470. Diese überqueren wir, fahren vor Rappoldshofen rechts ab durch das Aischtal bis Gerhardshofen, bleiben hier links der Aisch bis wir nach Dachsbach kommen. Wir fahren jetzt rechts in den Ort hinein, kurz auf die Straße Richtung Birnbaum und gleich wieder links auf den Kellerweg, der uns über eine Anhöhe zum Einkehrziel Lindenkeller bringt. Hier gibt's z.B. leckere Bratwürste, Brotzeiten und Bier der Brauerei Windsheimer aus Gutenstetten.

(Blick über die Felder ins Aischtal – von Südosten)

Nach erfolgter Stärkung geht's rechts in den Ort Linden hinein und dann ca. 500m bergauf bis auf die Staatsstraße nach Rezelsdorf/Weisendorf. Diese verlassen wir am Abzweig nach Sintmann und vor dem Ortseingang biegen wir links ab nach Mitteldorf/Weisendorf (das ist die verkehrsärmere Variante). In Weisendorf biegen wir rechts ab und nach ca. 100m links Richtung Reuth. Dieser Straße folgen wir, in Reuth knickt sie links ab nach Reinersdorf. Wir überqueren die Staatsstraße, fahren nach Kairlindach und im Ort rechts weiter nach Neuenbürg/Großenseebach und auf dem Radweg links ab weiter nach Hannberg. Weiter geht's auf dem gut ausgebauten Radweg nach Hessdorf, im Ort rechts ab nach Untermembach und weiter auf einem schönen neuen Radweg nach Beutelsdorf. Hier am Kreisverkehr links und auf der bekannten Strecke über Haundorf, Häusling und Büchenbach zurück zum Ausgangspunkt.

Diese Tour ist wegen der vielen Radwege und der kleinen Nebenstraßen, aber auch, weil die Gegend sehr dünn besiedelt ist, sehr verkehrsarm. Meist sind die Straßen/Wege in sehr gutem Zustand und es gibt (außer der kurzen Rampe in Kästel) keine schweren Steigungen. Insgesamt sind es ca. 75km und fast 500hm.

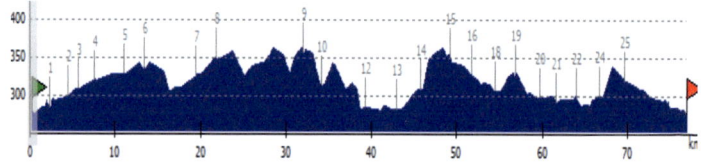

Erlangen-Büchenbach(1)-Haundorf(2)-Beutelsdorf(3)-Hammerbach(4)-
Buch(5)-Unterreichenbach(6)-Oberreichenbach(7)-Emelsdorf(8)-
Willmersbach/Kästel(9)-Birnbaum-Willmersbach(10)-Göttelhöf(11)-
Altenbuch-Rappoldshofen(12)-Gerhardshofen-Dachsbach(13)-
Linden(14)-Rezelsdorf(15)-Sintmann(16)-Mitteldorf(17)-
Weisendorf(18)-Reuth(19)-Reinersdorf-Kairlindach(20)-Neuenbürg(21)-
Großenseebach-Hannberg(22)-Hessdorf(23)-Untermembach(24)-
Beutelsdorf(25)-Erlangen

7. Die lange Spalter Hopfentour

Auch bei dieser Tour ist das Freibad West Startpunkt. Ab hier fahren wir links in Richtung Schallershof, dann ein Stück neben dem Main-Donau-Kanal entlang und überqueren diesen nach Frauenaurach. Weiter geht es unter der A3 hindurch leicht ansteigend nach Hüttendorf. Hier schlängeln wir uns durch den Ort und fahren Richtung Vach, bleiben allerdings auf der rechten Seite des Kanals und fahren auf kleinen Wirtschaftswegen nach Flexdorf. Dieser Tourenabschnitt bietet bei klarem Wetter eine wunderschöne Aussicht auf Nürnberg bis zum Moritzberg und die „Tower" des Flughafens bzw. der Nürnberger Versicherung. In Flexdorf halten wir uns wieder rechts und fahren nach Ritzmannshof, biegen nach einer kurzen Abfahrt scharf links ab (unübersichtliche Kreuzung), überqueren einen kleinen Bach und fahren an der nächsten Abzweigung wieder rechts eine erste kurze Steigung hinauf, über eine kleine Anhöhe hinweg und kommen nach einer sanften Abfahrt nach Burgfarrnbach. Am Ortseingang biegen wir gleich rechts ab entlang eines Industriegebietes, folgen der Straße über die Bahnstrecke und biegen nach dieser Brücke wieder rechts ab nach Veitsbronn. Wir erreichen den Ortsteil Bernbach, lassen Veitsbronn weitgehend rechts liegen und folgen der Straße bis zu einer Kreuzung. Hier biegen wir links ab nach Cadolzburg, erreichen nach der Bahnunterführung den gut ausgebauten Radweg hinauf nach Seukendorf. Leider hört der Radweg am Ortseingang auf und wir folgen der Straße durch den Ort bis zum Kreisverkehr, umfahren diesen wieder auf einem Radweg, den wir bis zum Ortseingang von Cadolzburg auch nicht mehr verlassen müssen.

Und hier erwartet uns jetzt eine erste richtige „Bergprüfung", es geht gute 500m ca. 10% bergauf bis in die Ortsmitte, dann folgt ein kurzes flaches Stück und nochmal etwas steiler werdend führt uns eine „S-Kurve" an den Abzweig nach Steinbach. Diesem folgen wir und rollen leicht bergab durch Steinbach hindurch auf den Radweg nach Ammerndorf. In der Mitte des Ortes biegen wir rechts ab und nach wenigen Metern gleich wieder links um über Buttendorf nach Roßtal zu fahren. Hier halten wir uns im Ort wieder rechts, queren die Bahnlinie und fahren Richtung Großweißmannsdorf, über die B14 nach Regelsbach und kommen langsam in eine abgelegene und fast menschenleere Gegend. Bei heißen Temperaturen ist es ratsam die Trinkflaschen nochmal aufzufüllen, denn auf den nächsten Kilometern gibt es weder Tankstellen noch Gasthöfe, um sich mit Flüssigkeit zu versorgen (diese Erfahrung hab ich selbst gemacht). In Regelsbach biegt man rechts ab Richtung Kottendorf und weiter nach Gustenfelden. Im Ort geht es wieder rechts nach Oberreichenbach und weiter nach Kammerstein. Die A6 wird unterquert bevor man Kammerstein erreicht und von hier geht es weiter in Richtung Abenberg. Vorbei an der Burg Abenberg geht's weiter über Obersteinbach und nach einem letzten Anstieg und einer schönen Abfahrt durch ein Waldstück erreichen wir Spalt. Hier fahren wir in den Ortskern bis zum Bahnhof, biegen dort rechts ab vorbei am Gasthof Bayrischer Hof und hinauf zum Hans-Gruber Keller. Von hier hat man eine tolle Sicht auf Spalt und die umliegenden Hopfenfelder, kann eine leckere Brotzeit genießen und für den Rückweg genug Kraft „tanken".

(Hans-Gruber Keller in Spalt)

Dieser führt uns durch ein schönes Tal über Höfstetten, vorbei an Wernfels nach Wassermungenau. Aus dem Ort hinaus fahren wir ein kurzes Stück auf der Bundesstraße 466, biegen dann rechts ab nach Pippenhof, Dürrenmungenau und weiter nach Ebersbach. Von hier geht es über Klapsdorf nach Barthelmesaurach. Im Ort halten wir uns links, überqueren die B466 in Richtung Günzersreuth, weiter nach Albersreuth und Dechendorf. Über Prünst und Gaulnhofen kommen wir nach Rohr, überqueren die Hauptstraße und fahren weiter nach Buchschwabach. Hier erreichen wir die B14, durchqueren auf dieser den Ort um dann links nach Trettendorf und Roßtal abzubiegen. Jetzt haben wir die Rundtour „Roßtal-Spalt" beendet und fahren auf dem bekannten Hinweg über Ammerndorf, Cadolzburg, Veitsbronn zurück nach Erlangen. Diese Tour ist mit 135km relativ lang und sehr wellig, was uns schließlich über 1200hm einbringt. Da aber bis auf den Berg in Cadolzburg und einen etwas steileren Anstieg hinter Abenberg nur eher sanfte Höhenunterschiede zu bewältigen sind, ist sie auch mit einer „großen" Übersetzung problemlos zu schaffen.

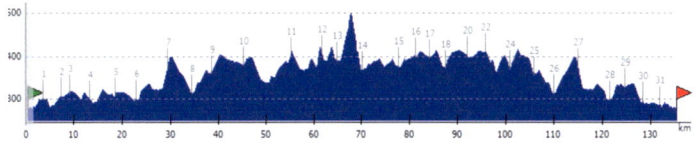

Erlangen-Schallershof(1)-Kriegenbrunn(2)-Hüttendorf(3)-Flexdorf(4)-
Burgfarrnbach(5)-Veitsbronn(6)-Cadolzburg(7)-Ammerndorf(8)-
Roßtal(9)-Regelsbach(10)-Kottendorf-Kammerstein(11)-Abenberg(12)-
Obersteinbach(13)-Spalt(14)-Wassermungenau(15)-
Dürrenmungenau(16)-Ebersbach(17)-Barthelmesaurach(18)-

31

Günzersreuth(19)-Dechendorf(20)-Prünst(21)-Gaulnhofen(22)-Rohr(23)-Buchschwabach(24)-Roßtal(25)-Ammerndorf(26)-Cadolzburg(27)-Veitsbronn(28)-Obermichelbach(29)-Niederndorf(30)-Frauenaurach(31)-Erlangen

(Sonnenblumen in der Fränkischen Schweiz)

8. Huppendorfer Varianten

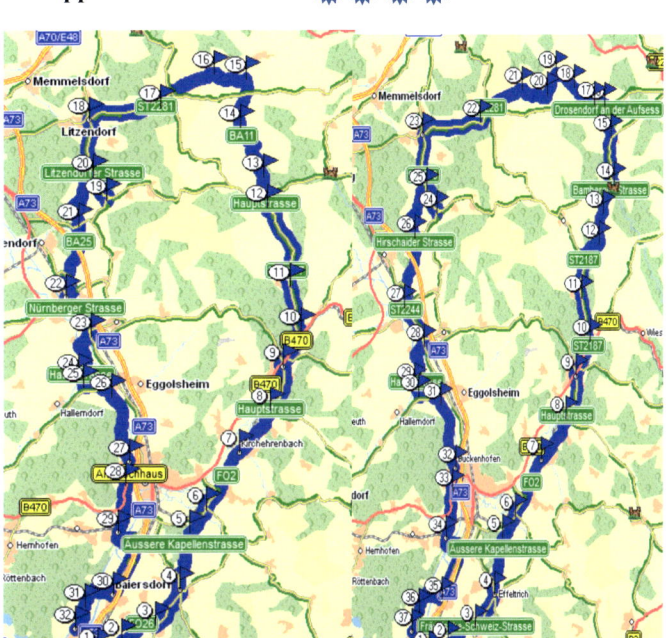

(Variante 1)   *(Variante 2)*

Die nachfolgend beschriebene Tour beinhaltet eine Alternativroute (rechte Karte) zum Ziel in Huppendorf, die etwas länger ist und auf der einige Höhenmeter mehr zu bewältigen sind.

Der Startpunkt ist die Essenbacher Brücke in Erlangen, wir fahren auf dem Radweg in Richtung Bubenreuth links um den Burgberg und biegen am Ende des getrennten Radwegs scharf rechts ab durch das „Mausloch" nach Bubenreuth und folgen der Straße durch eine kleine Serpentine und einen ersten 10%igen kurzen Anstieg (zum Warmfahren) hinauf und gleich wieder hinunter nach Bubenreuth. Am Ende der Straße biegen wir rechts ab nach Bräuningshof/Langensendelbach, auf dem gut ausgebauten Radweg geht's es leicht bergauf, kurvig durch Bräuningshof hindurch und leicht bergab durch ein kleines Waldstück nach Langensendelbach. Auch durch diesen Ort führt die Straße auf einigen Kurven weiter nach Effeltrich, hier fahren wir weiter in Richtung Kersbach und biegen kurz vor einer Linkskurve rechts ab hinauf nach Pinzberg. Ein erster längerer

Anstieg fordert hier die Beine, anfangs sogar im zweistelligen Steigungsprozentbereich. Aber nach wenigen 100m wird's flacher und wir erreichen nach einigen Wellen Pinzberg. Erst am Ortsausgang teilt sich die Straße, wir halten uns leicht rechts und eine rasante Abfahrt nach Gosberg folgt. Leider kann man es meist nicht ausrollen lassen, da wir auf eine Vorfahrtstraße treffen. Durch Gosberg folgen wir der Straße nach Kirchehrenbach und Pretzfeld und nachdem wir Pretzfeld Richtung Ebermannstadt verlassen müssen wir den Pretzfelder Berg erklimmen, eine garstige fast 15%ige Steigung (im Sommer direkt in der prallen Mittags- und Nachmittagssonne). Es sind aber nur ca. 500m und man wird gleich mit einer sanften Abfahrt nach Ebermannstadt belohnt, auf der man die Aussicht Richtung Burg Feuerstein und den Reifenbergkeller genießen kann. Nach Ebermannstadt rollen wir bis zur Bundesstraße in der Ortsmitte, biegen rechts ab und am Ortsende beginnt auf der linken Seite ein breiter Radweg, den wir in Gasseldorf links abbiegend verlassen und das Leinleitertal bis nach Heiligenstadt hinauf fahren. Die anfangs erwähnte Alternativroute biegt hier kurz nach Veilbronn rechts nach Siegritz/Neudorf und Aufseß ab und es geht erst mal ordentlich bergauf,

(Brauereigasthof Grasser in Huppendorf)

aber auf wunderschönen kleinen Nebenstraßen, mit einer Serpentine und viel Wald. In Aufseß folgen wir der Staatsstraße Richtung Neuhaus und Drosendorf, biegen dort links ab und kommen über Voitmannsdorf nach Kotzendorf und Königsfeld. Hier halten wir uns links und folgen der Straße nach Huppendorf. Kurz nach dem Ortsschild geht es gleich rechts hinunter und nach ca. 200m erreichen wir den Brauereigasthof Grasser, das Tagesziel. Hier gibt es unter anderem einen sehr leckeren Wildschweinschinken aus eigener Schlachtung und natürlich viele andere Brotzeiten und Getränke.

Zurück zum „normalen" Weg über Heiligenstadt, der uns dann nach Neumühle, Reckendorf, Brünn und Hohenpölz führt. Rechter Hand sieht man kurz hinter Heiligenstadt oben auf dem Berg die Burg Greifenstein – ein wunderbarer Aussichtspunkt auf die Stadt und ins Leinleitertal. Nachdem wir Hohenpölz hinter uns gelassen haben überqueren wir die Staatsstraße und erreichen ebenfalls Huppendorf, nur von der anderen Seite, wir biegen also links ab zum Tagesziel.

Nach einer ausgiebigen Stärkung (der Wildschweinschinken ist sehr lecker) schwingen wir uns wieder in den Sattel und fahren über Poxdorf nach Tiefenellern. Hierher fährt man einige weit geschwungene Serpentinen hinunter und muß vor allem am Wochenende auf Motorradfahrer achten. Sollte man in Huppendorf keinen Platz bekommen, kann man alternativ auch im Biergarten der Brauerei Hönig in Tiefenellern einkehren, leckere Brotzeiten warten auch hier zur Stärkung. Weiter geht's das Ellertal hinunter bis nach Litzendorf, dort biegen wir in der Ortsmitte links ab nach Geisfeld und müssen gleich eine recht giftige Steigung erklimmen, die nach der langen Abfahrt die Beine wieder zum Leben erweckt. Nach deren Ende geht's auf einem neuen breiten Radweg durch ein kleines Wäldchen hindurch, wir erreichen Geisfeld und danach Leesten, fahren weiter nach Amlingstadt, biegen im Ort links ab und rollen nach einer kurzen Steigung unter der A73 hindurch nach Hirschaid. Hier fahren wir bis in die Ortsmitte, dann über die Kanalbrücke, biegen nach dieser links Richtung Schwimmbad ab und kommen auf den Radweg direkt neben dem Kanal. Diesem folgen wir (immer auf dem geteerten Teil) bis nach Seußling, biegen dann rechts ab und nach einer kurzen Steigung im Ort links in Richtung Traisldorf/Schlammersdorf. Hier halten wir uns links und kommen über eine kleine Kuppe zum Abzweig nach Pautzfeld (als Orientierung hat man immer den Schlot des Kraftwerks bei Neuses im Blick). Kurz vor der Kuppe gibt es an heißen Tagen auch manchmal noch eine Einkehrmöglichkeit im schattigen Schlammersdorfer Keller der Brauerei Witzgall.

Ob mit oder ohne weitere Einkehr müssen wir weiter nach Pautzfeld, können die kurvige Ortsdurchfahrt genießen und fahren dann über Forchheim-Buckenhofen einen letzten kleinen Anstieg hinauf und wieder hinunter nach Forchheim-Burk, rechts weiter ein Stück auf bzw. neben der B470 Richtung Adelsdorf, biegen links nach Hausen ab und nachdem wir hier den Kanal überquert haben geht es rechts ab auf den Wiesenradweg nach Baiersdorf. Dem geteerten Weg folgen wir bis wir über die Regnitzbrücke nach Wellerstadt kommen, biegen dann wieder rechts ab und folgen der Straße bis zum Abzweig nach Röttenbach. Dieser folgen wir bis es erneut über den Kanal geht, biegen nach der Brücke links ab nach Kleinseebach und Möhrendorf, bleiben bis zum Kreisverkehr Richtung Dechsendorf auf der rechten Kanalseite, überqueren diesen dann ein letztes Mal und biegen nach der Ampel rechts ab, folgen dem Straßenverlauf bis wir auf den Radweg nach Erlangen kommen und an dessen Ende unser Ziel Erlangen wieder erreichen.

Höhenprofil der Variante 1: Länge ca. 110km mit ~900hm

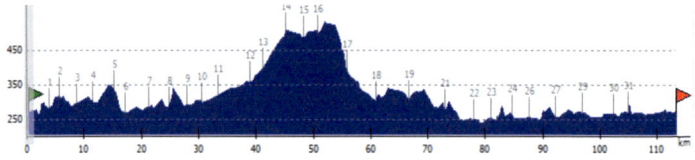

Höhenprofil der Variante 2: Länge ca. 120km mit ~1100hm

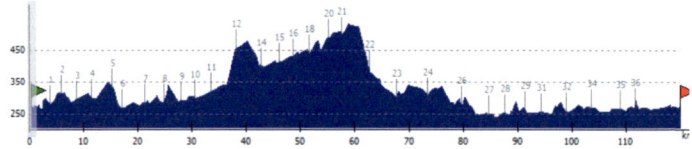

Erlangen-Bubenreuth(1)-Bräuningshof(2)-Langensendelbach(3)-Effeltrich(4)-Pinzberg(5)-Gosberg(6)-Kirchehrenbach(7)-Pretzfeld(8)-Ebermannstadt(9)-Gasseldorf(10)-Unterleinleiter(11)-Veilbronn-

➞ Variante 1: Heiligenstadt(12)-Neumühle-Reckendorf(13)-Hohenpölz(14)-Huppendorf((15)Einkehr im Brauerei-gasthof Grasser)

➞ Variante 2: Siegritz(12)-Neudorf(13)-Aufseß(14)-Neuhaus(15)-Drosendorf(16)-Voitmannsdorf(17)-Kotzendorf(18)-Königsfeld(19)-Huppendorf((20 Einkehr siehe oben)

-Poxdorf(16/21)-Tiefenellern(17/22)-Litzendorf(18/23)-Geisfeld(19/24)-Leesten(20/25)-Amlingstadt(21/26)-Hirschaid(22/27)-Altendorf(23/28)-Schlammersdorf(24/29)-Pautzfeld(25/30)-Buckenhofen(26/31)-Burk(27/32)-Hausen(28/33)-Baiersdorf(29/34)-Kleinseebach(30/35)-Möhrendorf(31/36)-Erlangen

9. Die östliche Panoramatour

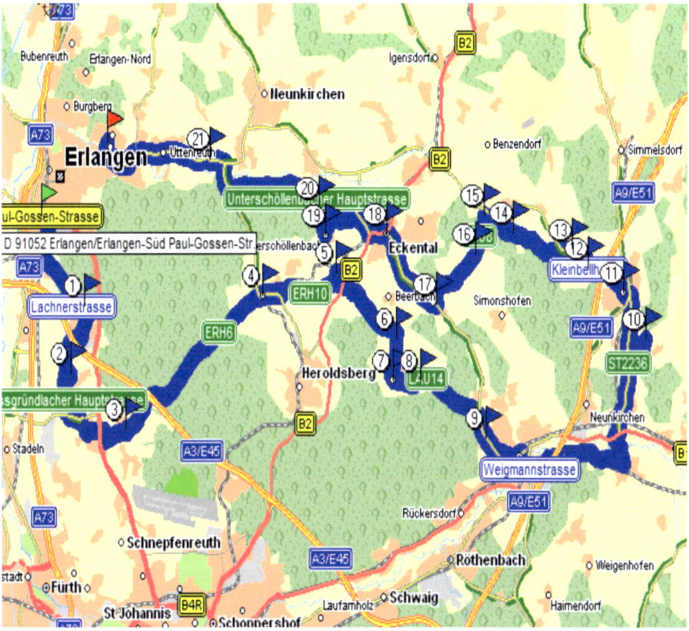

Startpunkt dieser Tour ist die Südkreuzung am Ende der Paul-Gossen-Straße. Hier fahren wir auf dem Radweg neben der B4 nach Tennenlohe, durch den Ort hindurch bis zur DKV-Tankstelle, biegen hier rechts ab und nach ca. 100m wieder links auf den Radweg nach Reutles, überqueren die A3 und folgen dem Radweg, der links wieder zur B4 führt. An der ersten Ampel überqueren wir die B4 nach links und fahren auf dem geteerten Wirtschaftsweg durchs Knoblauchsland nach Nürnberg-Neunhof, in den Ort hinein und erreichen hier die Straße nach Kalchreuth. Diese fahren wir ein kleines Stück bis zum Ortsende und nutzen dann den gut ausgebauten Radweg auf der linken Seite, dem wir bis zum Ortseingang von Kalchreuth folgen. Er führt durch ein Waldstück immer leicht bergan, ideal zum warmfahren. Durch Kalchreuth fahren wir bis die Straße nach rechts abknickt, halten uns an dieser Stelle links und weiter geht's nach Käswasser und Großgescheidt, wieder meist auf einem Radweg rechts neben der Straße. Auf diesem Streckenabschnitt hat man linker Hand einen schönen Blick auf den Hetzleser Berg, ins Schwabachtal und auf Eckental. Am Ortsende von Großgescheidt überqueren wir die B2, kommen nach Kleingeschaidt und als nächstes nach Tauchersreuth. Hier

37

biegen wir in der Ortsmitte rechts ab, fahren einen kleinen Anstieg hinauf und an dessen Ende haben wir einen wunderschönen Ausblick auf den Großraum Nürnberg – jedenfalls bei klarem Wetter.

(Blick von der Oedenberger Höhe Richtung Nürnberg)

Und schon können wir uns die rasende Abfahrt nach Oedenberg hinunter stürzen, wenig Verkehr und die gute Übersicht lassen hier Höchsttempo zu. Nach der Ortsdurchfahrt von Oedenberg geht's nochmal eine Abfahrt hinunter, an deren Ende folgt aber eine 90°-Kurve in ein Waldstück, es ist also Vorsicht geboten. Nach wenigen 100m kommen wir auf die Verbindungsstraße nach Günthersbühl, biegen links ab und es folgt ein ca. 1km langer Anstieg. Im Ort halten wir uns rechts und haben erneute eine schnelle Abfahrt Richtung Lauf vor uns. Wir erreichen Lauf, halten uns rechts und fahren bis die Straße in der Ortsmitte auf die B14 trifft. Hier biegen wir links ab, folgen im Ort der Bundesstraße und biegen am Ortsende auf den Radweg auf der linken Seite der Straße ab. Dieser führt ein Stück entlang der Bahnstrecke, durch einige kleine Tunnel unter der A9 hindurch nach Neunkirchen/Sand und links parallel der Autobahn durch ein kleines Waldstück nach Wolfshöhe. Hier ist die gleichnamige Brauerei direkt neben der Straße, der Biergarten ist aber recht ruhig und es gibt kleine und größere Stärkungsmöglichkeiten. Frisch gestärkt fahren wir weiter nach Schnaittach, biegen an der ersten größeren Kreuzung links ab, folgen der Straße bis es erneut links ab einen ca. 500m langen Anstieg hinauf geht, an dessen Ende unterqueren wir die A9 und abwärts geht's nach Kleinbellhofen. Hier muß man etwas aufpassen, denn der Abzweig nach links ist mitten in der Abfahrt. Man könnte auch geradeaus weiter fahren, aber auf der Straße über Kleinbellhofen ist weniger Verkehr und die Strecke ist auch schöner. Letztlich kommt man aber an Großbellhofen nicht vorbei, fährt auf der Hauptstraße durch den Ort und biegt am Ende auf den links verlaufenden Radweg Richtung Untersdorf und Laipersdorf. Es geht leicht bergauf und weiter durch ein Hopfenanbaugebiet nach Herpersdorf. Hier biegen wir direkt hinter dem Ortsschild links ab nach Bullach und fahren auf und ab durch ein Waldstück nach Neunhof. Am Ende der Straße könnte man links zum Biergarten der Brauerei Wiethaler abbiegen, wo man neben leckerem Bier auch gute Suppen, Karpfen und andere fränkische Spezialitäten bekommt – vor allem ohne Nachmittagspause. Als alternative Einkehrmöglichkeit zur Wolfshöhe durchaus zu empfehlen. Ab hier ist der Rückweg (rechts Richtung Eckental) auch nur noch flach – bis auf einen kleinen Anstieg kurz vor Eschenau. Im Ort halten wir uns links, fahren ein kleines Stück auf der alten B2, bis nach ca. 500m an einer Ampel rechts der Radwegweiser nach Erlangen kommt. Diesem folgen wir durch ein Wohngebiet, überqueren die neue B2 und kommen nach Eckental. Hier biegen wir nach Oberschöllenbach links ab, fahren durch ein kleines Wäldchen um im Ort scharf rechts nach Unterschöllenbach abzubiegen. Kurz nach dem Ortsschild geht es erneut in spitzem Winkel links Richtung Röckenhof ab und nach Erreichen eines Waldstücks biegen wir rechts auf einen zwar schlechten, aber geteerten und praktisch autolosen Waldweg zu den Kreuzweihern ab. Diese passieren wir und erreichen schließlich die Verbindungsstraße Kalchreuth – Weiher, auf die wir rechts abbiegen. Wenn man nach ca. 2km links die Häuser sieht, biegen wir dorthin ab und folgen der Straße bis in den Ort hinein, halten uns nach einem kleinen Anstieg links um die Hauptstraße gleich wieder nach rechts zu verlassen und auf dem Radweg über Uttenreuth und Spardorf zurück nach Erlangen zu rollen.

Die Tour ist knapp 80km lang und mit ca. 650hm relativ „flach".

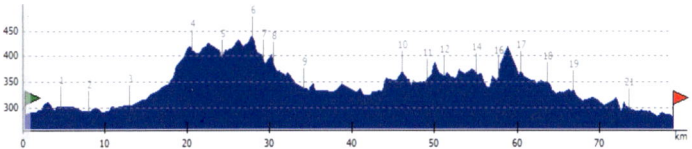

Erlangen/Südkreuzung-Tennenlohe(1)-Reutles(2)-Nürnberg/Neunhof(3)-Kalchreuth(4)-Käswasser-Großgeschaidt(5)-Tauchersreuth(6)-Oedenberg(7)-Günthersbühl(8)-Lauf(9)-Neunkirchen/Sand-Wolfshöhe(10)-Schnaittach(11)-Kleinbellhofen(12)-Großbellhofen(13)-Laipersdorf(14)-Herpersdorf(15)-Bullach(16)-Neunhof(17)-Eschenau-Eckental(18)-Oberschöllenbach-Unterschöllenbach(19)-Kreuzweiher-Weiher(20)-Uttenreuth-Spardorf-Erlangen

Diese Tour ist eine der heftigsten, die man ab Erlangen fahren kann. Sie führt über drei der steilsten Anstiege (Rödlas:15%, Kasberg/Rangen:14%, Ortsspitzer Serpentine:13%) in der näheren Umgebung.

Startpunkt ist die Ampel in Buckenhof. Wir fahren in Richtung Uttenreuth, biegen kurz vorm Ortsende vor der Pizzeria links ab, fahren einen kleinen Schlenker nach rechts und kommen auf die Straße nach Rosenbach. Hier biegen wir links ab und am nächsten Abzweig rechts nach Neunkirchen. Nach dem Ortsausgang geht's zum warmfahren einen ersten kleinen Anstieg durch ein Wäldchen hinauf und anschließend eine schnelle Abfahrt hinunter nach Neunkirchen. Am Ortseingang halten wir uns leicht links und fahren nach ca. 500m über eine kurze Pflasterstein-passage durch ein Stadttor nach Neunkirchen hinein. Der Straße folgend erreichen wir die Staatsstraße nach Forchheim, biegen rechts ab und nach wenigen Metern gleich wieder links Richtung Großenbuch. Der nächste Abzweig wartet nach gut 100m und es geht links einen ersten steileren Anstieg hinauf, der schon erahnen läßt, daß da noch mehr kommt. Nach gut 500m wird es aber erst mal wieder eben und wir kommen rechts auf den Radweg, der uns einen guten Blick auf den Rödlas bietet – allerdings nicht auf das steile Stück, das sich im Wald versteckt. Am Ende des Radwegs lassen wir Großenbuch rechts liegen und der ca. 2km lange und am Schluß 15% steile Anstieg beginnt. Oben angekommen kann man im Schatten etwas verschnaufen und dann die ebenso steile Abfahrt hinunter brausen, durch Rödlas und Ermreuth hindurch etwas vorsichtiger wegen der Kurven und landwirtschaftlichem Verkehr. Nach Ermreuth geht's noch über eine kleine Kuppe und dann kommen wir auf die Straße nach Walkersbrunn, wohin wir links abbiegen. Allerdings geht es nur ein kurzes Stück flach durchs Tal und in Walkersbrunn wartet schon die nächste Steigung, im Ort noch gemäßigt, aber ab dem Abzweig nach Kasberg dann wieder bis zu 14% steil und einen guten Kilometer lang, bevor es flacher wird und wir das Windrad oberhalb des Ortes erreichen.

Man kann sich dieses steile Stück allerdings auch ersparen, indem man in Walkersbrunn links noch ca. 100m der Hauptstraße folgt und dann auf einen Wirtschaftsweg nach Rangen rechts abbiegt.

(Serpentine auf dem Weg nach Rangen/Kasberg – Blick Richtung Hetzles)

Durch Felder geht es leicht bergauf und immer dem Weg folgend kommen wir in ein kleines Tal, wo uns auch eine kräftige, aber durch mehrere Serpentinen entschärfte Steigung erwartet. Dieser Umweg ist jedoch landschaftlich lohnenswert und wegen des nicht so guten Straßenbelags auch verkehrstechnisch wenig frequentiert. Oberhalb der Serpentinen kommen wir nach einem kleinen Waldstück durch die paar Häuser von Rangen, es folgt noch ein kurzer etwas steilerer Anstieg und wir erreichen nach ca. 500 flachen Metern das Windrad und treffen wieder auf die alternative Route. Hier biegen wir links nach Oberehrenbach ab und können auf der Abfahrt ein wenig die Beine ausschütteln bis wir Mittelehrenbach erreichen. In der Ortsmitte geht es rechts dann gleich in den nächsten Anstieg hinein, zuerst gemäßigt, nach und nach aber immer steiler werdend bis zu 13%. Nach ca. einem Kilometer erleichtert eine weit geschwungene Serpentine das Klettern etwas, aber noch liegen weitere bis zu 13 % steile 500m vor uns. Am Ende dieser Steigung haben wir nach links einen wunderbaren Blick auf das Walberla, die Straße führt uns erst hinab und dann doch wieder hinauf über eine Kuppe nach Haidhof und eine lange und gerade Abfahrt hinunter bis nach Thuisbrunn. Hier können wir im Brauereibiergarten der Elchbräu einkehren und uns eine Stärkung genehmigen.

Anschließend geht es nochmals bergauf über Egloffsteinerhüll und Hundsboden nach Hundshaupten. Hier führt die Straße direkt am Tierpark vorbei, dessen Besuch durchaus lohnenswert ist – allerdings nicht mit Rennrädern im „Schlepptau". Weiter geht es nach Hetzelsdorf und hier haben wir eine Alternativeinkehrmöglichkeit bei der Brauerei Penning mitten im Ort gegenüber der Kirche. Man muß gut bremsen, denn die Abfahrt ist bis zu 20% steil. Es gibt hier z.B. wieder sehr leckere Bratwürste oder Schnitzel und eine Halbe Bier/Radler für den Flüssigkeitshaushalt, denn ab jetzt fahren wir bis Pretzfeld bergab, dann wellig über Kirchehrenbach und das Leutenbachtal hinauf bis nach Dietzhof. Das Walberla liegt immer rechts von uns. Am Ortsende von Dietzhof biegen wir links ab nach Mittelehrenbach und fahren praktisch eine „halbe Acht" zu bis zu dem Abzweig, den wir schon Richtung Haidhof hinauf gefahren sind. Das müssen wir jetzt nicht mehr, sondern fahren rechts weiter nach Kunreuth, Gaiganz und Effeltrich. Hier biegen wir links ab und „gönnen" uns zum Abschluß der Tour nochmal den Anstieg über den Paß Marloffstein, biegen nach der Kuppe und ca. 300m Abfahrt in der Ortsmitte rechts ab nach Rathsberg. Moderat ansteigend geht's aus dem Ort hinaus bis auf eine Anhöhe, die links den Blick ins Schwabachtal und auf die Kalchreuther Höhe bietet und rechts die fränkische Schweiz. Wir erreichen ein kleines Waldstück und nach einer kurzen Abfahrt lassen wir rechter Hand Atzelsberg liegen, fahren leicht bergauf bis wir rechts Rathsberg sehen, das wir auf der Straße umfahren und diese bringt uns schließlich die waldige Abfahrt nach Erlangen hinunter. Am Ende der Abfahrt liegt das Waldkrankenhaus, deshalb sollte man die Geschwindigkeit rechtzeitig drosseln um nicht mit Krankenwagen oder Patienten zu kollidieren. Schließlich erreichen wir am Ende der Abfahrt den Fuß des Burgbergs und mit einem kleinen Schlenker nach rechts könnte man zur Schlußeinkehr noch auf den Entlaskeller fahren - nach der Tour durchaus verdient.

Insgesamt ist diese Tour mit ca. 80km zwar nicht allzu lang, aber die steilen Anstiege und die insgesamt über 1100hm fordern doch einiges ab.

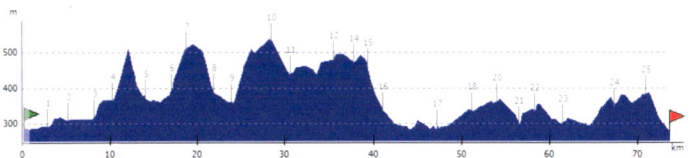

Spardorf-Uttenreuth(1)-Rosenbach(2)-Neunkirchen(3)-Großenbuch(4)-Rödlas-Ermreuth(5)-Walkersbrunn(6)-Kasberg/Rangen(7)-Oberehrenbach(8)-Mittelehrenbach(9)-Ortsspitz-Haidhof(10)-Thuisbrunn(11)-Dietersberg-Egloffsteinerhüll(12)-Hundsboden(13)-Hundshaupten(14)-Hetzelsdorf(15)-Poppendorf(16)-Pretzfeld-Kirchehrenbach(17)-Leutenbach(18)-Dietzhof(19)-Mittelehrenbach(20)-Kunreuth(21)-Gaiganz(22)-Effeltrich(23)-Langensendelbach-Marloffstein(24)-Atzelsberg-Rathsberg(25)-Erlangen

(Blick von Rangen aus auf die Hetzleser Höhe)

11. Die Rüsselbach-Hersbrucktour ✹✹✹✹

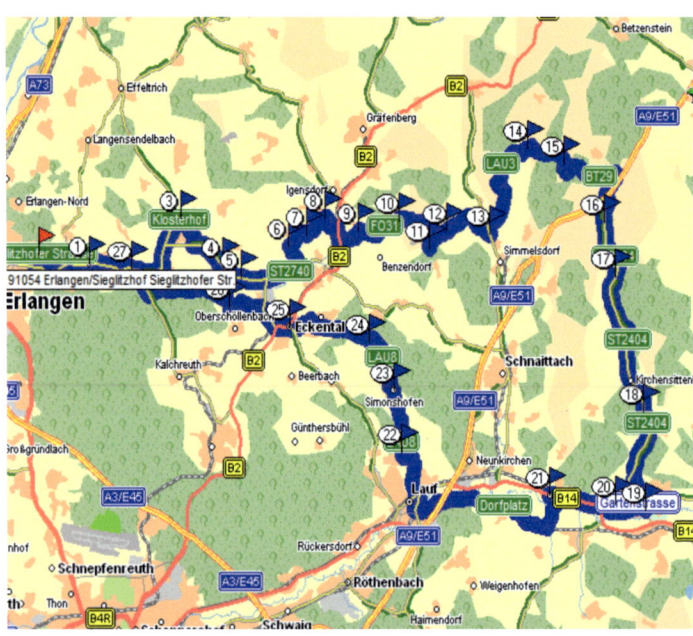

Startpunkt der Tour ist die Ampel in Buckenhof. Es geht über Uttenreuth, Weiher und Dormitz flach auf dem Radweg nach Neunkirchen. Diesem folgen wir bis in die Ortsmitte, fahren durch das Stadttor und halten uns rechts auf der Hauptstraße bis wir in ein Gewerbegebiet kommen und die Straße rechts abknickt. Hier fahren wir geradeaus auf den Radweg nach Kleinsendelbach, der die Umgehungsstraße überquert und über eine Kuppe führt. Am Ortseingang von Kleinsendelbach halten wir uns links und fahren erst auf der Straße bis nach Steinbach und dann auf dem Radweg weiter bis links der Abzweig nach Pettensiedel kommt. Dem folgen wir leicht bergauf bis in den Ort, biegen hier rechts ab und fahren über eine Anhöhe nach Affalterbach und weiter über Stöckach nach Weidenbühl. Hier überqueren wir die B2 und kommen nach Unterrüsselbach. Es folgt Mittelrüsselbach und ab hier geht es kräftig bergauf über Kirchnach Oberrüsselbach, wo zwei kleine Serpentinen im Ort die Steilheit etwas rausnehmen, aber trotzdem die Beinmuskulatur herausfordern. Schließlich erreichen wir eine Hochebene und kommen nach Lillinghof, das wir rechts liegenlassen und weiter nach Oberwindsberg fahren. Über Kaltenhof geht's hinunter nach Hüttenbach, im Ort biegen wir links ab und leicht ansteigend geht's weiter über Oberndorf bis zum Abzweig nach Winterstein. Hier biegen wir rechts ab und folgen der Straße bis Großengsee und nach dessen Durchquerung fahren wir rechts nach Ittling. Hier fahren wir weiter aufwärts Richtung Spies, lassen den Ort aber links auf der Höhe liegen und am Gasthof Schermsmühle scharf rechts ab nach Hormersdorf. Vor dem Ort unterqueren wir die A9 und es folgt eine lange gemächliche Abfahrt durch Steinensittenbach, Algersdorf, Kirchsittenbach und Aspertshofen bis nach Hersbruck. Kurz nach dem Ortsteil Kühnhofen biegen wir rechts ab und erreichen nach ungefähr einem halben Kilometer die idyllisch gelegene Gaststätte Fuchsau. Hier können wir im schattigen Biergarten die Beine ausschütteln und uns für die wellige Rückfahrt stärken.

Diese führt uns zunächst nach Altensittenbach, hier biegen wir rechts ab und fahren auf den Radweg entlang der B14 nach Reichenschwand und weiter bis nach Lauf. Vor dem Ort schlängelt sich der Radweg unter und über der A9/B14 Auffahrt durch und endet am Ortseingang von Lauf. Hier müssen wir einige 100m auf der B14 bis zum Abzweig nach Simonshofen an der zweiten Ampel fahren, biegen rechts ab und es geht einen etwas längeren Stich hinauf über die Bahnstrecke, der in einen ca. 2km langen Anstieg nach Kuhnhof mündet. Hier geht es auf einem neuen breiten Radweg weiter nach Simonshofen und dann nach Bullach. Hier fahren wir im Ort eine links/rechts Kombination und kommen auf die leicht ansteigende Karpfenstraße, die nach Eckenhaid führt. Den Ort erreichen wir am Ende eines Wäldchens und fahren immer geradeaus bis wir am Ende auf die Vorfahrtstraße nach Eschenau treffen. Im Ort halten wir uns links, fahren ein kleines Stück auf der alten B2, bis nach ca. 500m an einer Ampel rechts der Radwegweiser nach Erlangen kommt. Diesem folgen wir durch ein Wohngebiet, überqueren die neue Ortsumgehung und kommen nach Eckental. Hier biegen wir nach Oberschöllenbach links ab, fahren durch ein kleines Wäldchen um im Ort scharf rechts nach Unterschöllenbach abzubiegen. Kurz nach dem Ortsschild geht es erneut in spitzem Winkel links Richtung Röckenhof ab und nach Erreichen eines Waldstücks biegen wir rechts auf einen zwar schlechten, aber geteerten und praktisch autolosen Waldweg zu den Kreuzweihern ab. Diese passieren wir und erreichen schließlich die Verbindungsstraße Kalchreuth – Weiher, auf die wir rechts abbiegen. Wenn man nach ca. 2km links die Häuser sieht, biegen wir dorthin ab und folgen der Straße bis in den Ort hinein, halten uns nach einem kleinen Anstieg links um die Hauptstraße gleich wieder nach rechts zu verlassen und auf dem Radweg über Uttenreuth und Spardorf zurück nach Erlangen zu rollen.
Diese Tour ist etwas über 100km lang und mit ca. 1100hm recht bergig, vor allem der Anstieg durch die „4 Rüsselbächer" ist teilweise sehr steil.

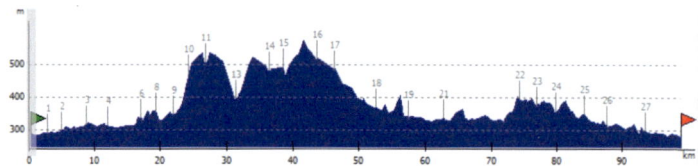

Spardorf-Uttenreuth(1)-Weiher(2)-Neunkirchen(3)-Kleinsendelbach(4)-
Steinbach(5)-Pettensiedel(6)-Affalterbach(7)-Stöckach(8)-
Unterrüsselbach(9)-Oberrüsselbach(10)-Lillinghof(11)-
Oberwindsberg(12)-Hüttenbach(13)-Großengsee(14)-Ittling(15)-
Hormersdorf(16)-Steinensittenbach(17)-Algersdorf-Kirchsittenbach-
Aspertshofen(18)-Hersbruck((19)Einkehr vorm Ort rechts)-
Altensittenbach(20)-Reichenschwand(21)-Neunkirchen/Sand-
Lauf/Kuhhof(22)-Simonshofen(23)-Bullach(24)-Eckental/Eckenhaid(25)-
Unterschöllenbach(26)-Weiher(27)-Spardorf

(*Der „Rödlas"-Höhenzug von Osten*)

46

12. Frankfurt ist nicht nur am Main ❀❀❀

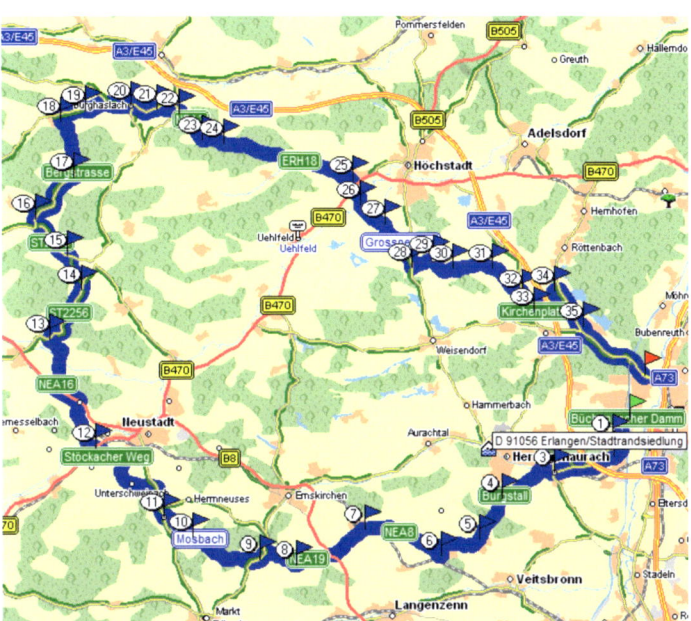

Startpunkt ist am Freibad West. Wir fahren links über Schallershof und folgen der Straße nach Frauenaurach, überqueren den Kanal und fahren weiter bis wir durch die Autobahnunterführung kommen, fahren danach ein kurzes Stück auf dem Radweg und biegen dann rechts ab Richtung Herzogenaurach. Diese Straße fahren wir bis zur „T-Kreuzung", an der wir links abbiegen und nach ca. 400m erreichen wir den Radweg nach Niederndorf. Diesem folgen wir bis zum Ende, fahren dann ein Stückchen auf der Straße bis zur Ampel und biegen hier wieder links ab. Nach der Brücke über den Wiesengrund beginnt rechts der Radweg durchs Aurachtal dem wir bis zum nächsten Abzweig nach Hauptendorf folgen. Hier biegen wir erneut links ab und halten uns an der nächsten Kreuzung leicht rechts und fahren weiter Richtung Burgstall. Es geht leicht bergauf und nach einer kleinen etwas steileren Rampe fahren wir mitten durch den Golfplatz hinauf in den Ort. Auf der Anhöhe halten wir uns links, folgen der Straße bis kurz vor dem Ortsende links der Abzweig nach Tuchenbach kommt. Leicht bergan geht's durch ein Waldstück und nach einer längeren sanften Abfahrt kommen wir mitten in Tuchenbach an, überqueren die Hauptstraße, fahren einen kurzen Stich hinauf und wieder

47

hinunter, halten uns am Ende der Abfahrt rechts und wiederum leicht ansteigend geht's weiter nach Puschendorf. Am Ende der Straße erreichen wir wieder eine „T-Kreuzung", fahren an dieser links in den Ort hinein etwas bergab und an der Kreuzung in der Ortsmitte geht's rechts weiter nach Pirkach und Hagenbüchach. Wir folgen der Straße bis über die Bahnstrecke und fahren danach geradeaus weiter über Bräuersdorf und Dürrnbuch nach Neidhardswinden.

Wir befinden uns jetzt auf einer Art Hochebene mit einigen Windrädern und mitunter kräftigem Gegenwind, aber sonst ohne Hindernisse. In Neidhardswinden halten wir uns links und biegen kurz nach dem Ortsende rechts ab nach Kotzenaurach hinab ins Mosbachtal. Als nächstes erreichen wir Mosbach, halten uns auch hier wieder rechts und kommen dann nach Schellert. Kurz nach dem Ort erreichen wir eine Kreuzung und fahren nach links über Ober- und Unterroßbach in einem weiten Bogen nach Weiherhof und kommen dann auf die B470, auf der wir nach rechts ca. 200m zurücklegen und dann links noch vor Birkenfeld nach Diebach abbiegen. Wir erreichen hier die B8, fahren an dieser links und nach ca. 1km rechts ab nach Hambühl und weiter nach Baudenbach. Hier kommen wir in der Ortsmitte wieder an eine Kreuzung, biegen rechts auf die Staatsstraße nach Roßbach ab, hier im Ort links nach Obersteinbach und weiter über Lachheim und Klößmühle bis nach Frankfurt. Wer jetzt auf Wolkenkratzer und Banken hofft, der hat sich verfahren – nur das Ortsschild ist dem „richtigen" ebenbürtig – aber dafür sind wir ja vorher schon durch Lachheim gekommen. Außer dem Ortsschild gibt es in diesem Frankfurt, es sind nur ein paar Häuser, nichts Besonderes und ehe wir uns versehen, sind wir auch schon wieder aus dem Ort raus auf dem Weg nach Markt Taschendorf. Wir befinden uns jetzt Mitten im Steigerwald, fahren durch Markt Taschendorf bis zum Abzweig links nach Kirchrimbach und müssen jetzt eine 13%-ige Steigung bis hinauf zur Steigerwald Höhenstraße erklimmen. Oben angelangt hat man eine tolle Aussicht auf den Steigerwald. Dann geht's hinunter ins Tal Richtung Kirchrimbach, bevor wir den Ort erreichen biegen wir jedoch rechts ab auf einen geteerten Wirtschaftsweg und sehen jetzt schon den Unterrimbacher Keller rechts auf halber Höhe. Diesen steuern wir an und können uns ein Mönchsambacher Bier und eine Brotzeit schmecken lassen und die Aussicht ins Tal genießen.

(Blick vom „Hopfenkeller" in Unterrimbach nach Norden)

Wir fahren nach der Einkehr wieder ins Tal hinunter und biegen rechts nach Burghaslach ab. Nach welligem Profil erreichen wir den Ort, fahren am Ende der Straße rechts und gleich wieder links weiter nach Niederndorf. Ein neuer Radweg unterquert zuerst die Straße und führt dann in Richtung eines Industriegebietes. Vor diesem fahren wir rechts einmal mehr eine 12%-ige Rampe hinauf nach Gleißenberg. Wir durchqueren den Ort, fahren Richtung Dutendorf und verlassen die Straße in einer scharfen Linkskurve geradeaus nach Frickenhöchstadt. Die wenigen Häuser dieses Ortes haben wir schnell hinter uns und geradeaus geht es weiter, zuerst noch geteert, am Anfang des Waldes dann ca. 2km auf Schotter bzw. festgefahrenem Boden bis wir die Häuser von Unterwinterbach sehen und wieder geteerten Untergrund haben. Immer geradeaus geht es nach Lonnerstadt, wir umfahren den Ort und kommen zur B470, die wir kreuzen und auf der anderen Seite den Aischgrund durchqueren und nach Sterpersdorf kommen. Im Ort geht ein kleiner Stich nach rechts hinauf und oben angelangt fahren wir geradeaus weiter Richtung Lappach und dann nach Großneuses. Hier halten wir uns rechts Richtung Boxbrunn und biegen gleich am Ortseingang links nach Biengarten ab. Zwischen Karpfenweihern hindurch erreichen wir die Ortschaft, fahren rechts Richtung Kairlindach weiter immer zwischen Weihern durch und dann am Abzweig nicht rechts, sondern geradeaus nach Mohrhof. Hier macht die Straße einen Bogen um die Häuser und man hört bereits den Lärm aus dem Vogelbrutgebiet, durch das wir jetzt ca. 2km bis Hesselberg fahren. Der Abzweig nach hierhin ist nicht beschildert, es geht aber nur eine Straße nach rechts und die Häuser des Ortes sieht man auch schon.

Wir durchfahren die Ortschaft, weiter geht es über eine kleine Anhöhe und dann nach links Richtung Niederlindach. Im Ort fahren wir rechts, am Ortsausgang auf den Radweg bis nach Hannberg, hier gleich wieder links am Ortsrand lang bis wir die Straße nach Röhrach erreichen. Wir überqueren die A3, auf weiten Kurven kommen wir nach Röhrach und am Ortsende rechts auf die Straße nach Dechsendorf. Jetzt fahren wir den bekannten Weg durch den Kreisverkehr am Ortseingang bis zur Ampel, biegen an dieser links ab und haben als letztes Hindernis noch die Kanalbrücke in Alterlangen zu bewältigen, nach dieser lassen wir uns bis zum langen Johann ausrollen.

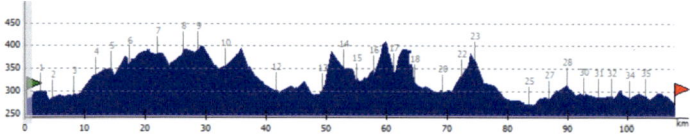

Erlangen-Schallershof(1)-Frauenaurach(2)-Niederndorf(3)-Burgstall(4)-Tuchenbach(5)-Puschendorf(6)-Hagenbüchach(7)-Bräuersdorf-Dürrnbuch(8)-Neidhardswinden(9)-Kotzenaurach-Mosbach(10)-Schellert(11)-Ober/Unterroßbach-Weiherhof-Birkenfeld(12)-Diebach-Baudenbach(13)-Roßbach(14)-Obersteinbach(15)-Klösmühle-Frankfurt(16)-Markt-Taschendorf(17)-Kirchrimbach(18)-Unterrimbach(19)-Burghaslach(20)-Niederndorf(21)-Gleissenberg(22)-Ochsenschenkel(23)-Frickenhöchstadt(24)-Lonnerstadt(25)-Sterpersdorf(26)-Lappach(27)-Boxbrunn(28)-Biengarten(29)-Mohrhof(30)-Hesselberg(31)-Niederlindach(32)-Hannberg(33)-Röhrach(34)-Dechsendorf(35)-Erlangen(Möhrendorferweg)

(Das Aischtal mit dem Steigerwald im Hintergrund)

50

13. Westwärts ins Ebrachtal

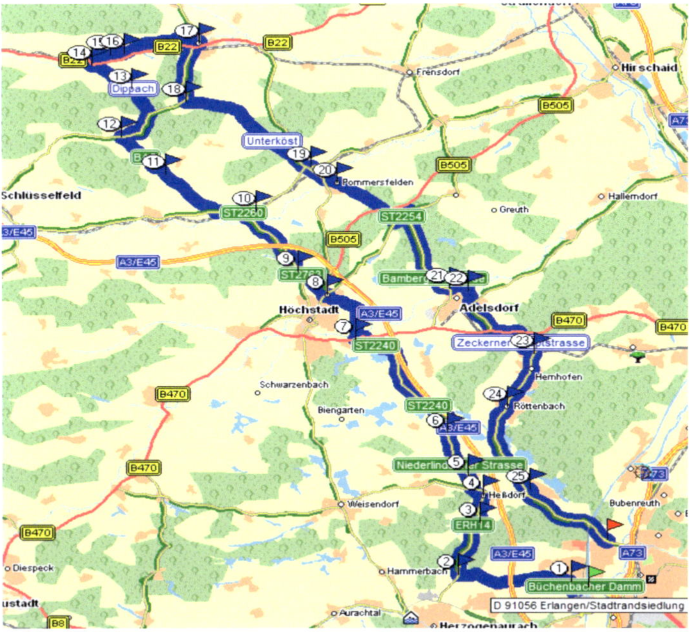

Wir starten am Freibad West und es geht Richtung Westen. Wir folgen zuerst dem Radweg nach Büchenbach und haben gleich eine kleine Steigung über den Kanal zu bewältigen. Dann geht es weiter über die Kreuzung in den Ort und immer der Straße folgend über Häusling, Haundorf bis nach Beutelsdorf. Hier biegen wir rechts ab und fahren die bekannte Strecke über Untermembach, Hessdorf und Hannberg bis Niederlindach und Klebheim. Teils kann man den Radweg neben der Straße benutzen und ab Klebheim fahren wir durch ein Waldstück direkt neben der A3 bis wir über eine Kuppe kommen und dann Buch über eine 10%ige Abfahrt erreichen. Flach und in weitem Bogen geht es bis zum Ortsrand von Gremsdorf, hier biegen wir rechts ab auf den Radweg und folgen diesem ca. 500m bis links der Abzweig nach Höchstadt bzw. Etzelskirchen kommt. Auch hier können wir durch den Wiesengrund bis zur Aischbrücke den Radweg benutzen, fahren nach der Brücke in einen kleinen Kreisverkehr und weiter nach Etzelskirchen. In der Ortsmitte kommen wir kurz auf die Hauptstraße und verlassen sie auch gleich wieder geradeaus Richtung Nackendorf auf einem Wirtschaftsweg. An dessen Ende halten wir uns leicht rechts, fahren durch den Ort und eine etwas längere Steigung hinauf bis zur Autobahnauffahrt. Diese nutzen wir jedoch nicht, sondern fahren weiter eine schöne Abfahrt hinunter nach Mühlhausen. Wir fahren aber nicht in den Ort, sondern biegen links Richtung Wachenroth ab und nach knapp einem Kilometer wieder rechts nach Albach und Reichmannsdorf. Hier geht es wieder rechts weiter in Richtung Treppendorf, aber nach gut 1km zweigen wir links nach Dippach ab und erreichen als nächstes Mönchsambach, das Einkehrziel dieser Tour. Am Ortseingang kommen wir auf die B22, der wir nach links ungefähr 200m folgen und dann auf der rechten Seite im Biergarten der Brauerei Zehendner einkehren.

Frisch gestärkt fahren wir rechts weiter bis zum Abzweig wiederum nach rechts entlang der alten Bahnlinie bis nach Manndorf. Über Vollmannsdorf kommen wir nach Burgebrach, biegen rechts ab bis in die Ortsmitte, an der B22 erneut rechts und nach gut 200m links nach Treppendorf. Hier fahren wir, bevor die Straße nach links abbiegt, rechts weiter nach Hirschbrunn, halten uns im Ort rechts Richtung Unterköst und Steppach. Im Ort fahren wir bis zum Abzweig nach Pommersfelden, hier rechts und nach dem Ortseingang halten wir uns links, umfahren den Schloßpark und folgen der Hauptstraße eine kleine Anhöhe hinauf Richtung Aisch. Am Ende der Straße biegen wir rechts ab nach Bösenbechhofen, in der Ortsmitte dann links nach Aisch. Wir kommen jetzt in ein Waldstück, fahren einen sanften Anstieg hinauf, über eine Anhöhe und durch einige Felder nach Aisch hinunter. Im Ort kommt nach einem Kreisverkehr gleich nochmal eine Kuppe, die Straße biegt nach links ab und wir rollen hinunter ins Aischtal, vorbei an der Brauerei Rittmayer, die an anderer Stelle nochmal erwähnt wird. Wir überqueren jetzt die Aisch und fahren gleich nach der Brücke links auf einem Wiesenweg an Adelsdorf vorbei, an dessen Ende geht es rechts weiter bis zu einer Kreuzung. Hier fahren wir links, folgen der Straße bis zur nächsten Abzweigung nach rechts, fahren durch Felder und Wiesen, halten uns nun wieder links und kommen als nächstes nach Wiesendorf. Weiter geht es wie bereits in Tour 4 ausführlich beschrieben über Zeckern, Hemhofen, Röttenbach und Dechsendorf zurück nach Erlangen.

Die Tour ist mit ca. 600hm relativ flach und mit ungefähr 90km auch nicht allzu lang, man kann sie locker mit jeder Übersetzung bewältigen.

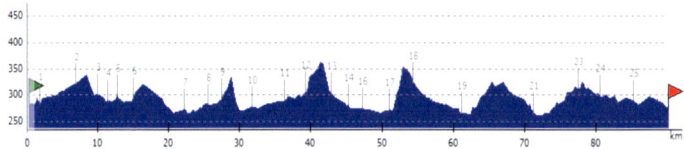

Erlangen-Büchenbach(1)-Beutelsdorf(2)-Untermembach(3)-Hessdorf(4)-Hannberg(5)-Klebheim(6)-Buch-Gremsdorf(7)-Etzelskirchen(8)-Nackendorf(9)-Mühlhausen(10)-Albach(11)-Reichmannsdorf(12)-Dippach(13)-Mönchsambach(14)-Manndorf(15)-Krumbach-Vollmannsdorf(16)-Burgebrach(17)-Treppendorf(18)-Hirschbrunn(19)-Steppach(20)-Pommersfelden(21)-Aisch(22)-Adelsdorf(23)-Zeckern(24)-Röttenbach(25)-Dechsendorf(26)-Erlangen

Diese Tour startet an der Ampel in Spardorf/Buckenhof. Zuerst geht es teils auf der Straße und teils auf dem Radweg über Uttenreuth nach Weiher. Hier endet der Radweg an der Bushaltestelle, wir fahren nach links ca. 100m auf der Straße und verlassen diese nach rechts eine kurze Abfahrt hinunter und folgen der Straße bis wir aus dem Ort heraus kommen. Am Ende der Straße geht es rechts nach Kalchreuth weiter, zuerst durch das Schwabachtal, dann durch ein Waldstück und hier beginnt der ca. 2km lange Anstieg hinauf nach Kalchreuth. Wenn wir die letzten Bäume erreichen, beginnt rechts ein Rad/Wirtschaftsweg und es wird langsam etwas steiler bis wir den Ort erreichen. Wir fahren weiter bis zum Kreisverkehr, biegen links ab und fahren über Käswasser, Groß- und Kleingeschaidt auf der Panoramastraße, über die B2 bis nach Tauchersreuth. Am Ortsende kommt eine kurze Abfahrt und wir biegen links ab nach Neunhof. Auch hier befinden wir uns gleich auf einer Abfahrt durch ein Waldstück in den Ort hinein, können es aber nicht ausrollen lassen, da in Neunhof eine Vorfahrtsstraße die Abfahrt beendet. Diese überqueren wir und fahren über einige „Asphaltblasen" nach Simonshofen, halten uns im Ort rechts und weiter geht's leicht bergauf nach Kuhnhof. Am Ortsende beginnt dann ein Radweg, der bis nach Lauf

hinunter führt. Am Ende der Straße biegen wir links ab, fahren bis zum Ortsende auf der B14 und wechseln dann auf den links der Straße beginnenden Radweg nach Neunkirchen/Sand, biegen im Ort rechts nach Speikern ab, hier dann links nach Rollhofen und Schnaittach. Wir fahren durch den Ort bis zum Abzweig rechts nach Enzenreuth (Festungsstraße). Zuerst geht es moderat bergauf, aber nachdem wir die letzten Häuser hinter uns gelassen haben, folgt ein ca. 1,5km langer und bis zu 10% steiler Anstieg. Der ist aber am Abzweig nach Enzenreuth noch nicht zu Ende, denn bis in den kleinen Ort und zu unserem Einkehrziel, der Brauerei Enzensteiner, geht es nochmal ca. 300m eine kurvige steile Rampe hinauf. Ober ist die Straße zu Ende und links haben wir den Hof der Brauerei erreicht um uns ausgiebig zu stärken – es gibt z.B. sehr leckere Bratwürste
.

(Hopfenfeld und Radweg kurz vor Simmelsdorf)

Frisch gestärkt können wir dann die Abfahrt nach Schnaittach in Angriff nehmen und setzen unseren Weg unten im Ort rechts Richtung Simmelsdorf fort. Nach dem Abzweig zur Auffahrt zur A9 beginnt links ein Radweg der bis nach Simmelsdorf gut ausgebaut ist, am Ortseingang allerdings endet. Nun folgen wir der Straße ein kleines Tal hinauf über Hüttenbach, Oberndorf bis nach Erlastrut. Hier biegen wir links nach Lilling und Gräfenberg ab. Wir folgen der Straße bis zur B2, biegen links nach Gräfenberg ab und verlassen die Bundesstraße nach ca. 150m wieder. Eine etwas steilere Abfahrt führt in den Ort hinein, die Ortsdurchfahrt erfolgt auf Kopfsteinpflaster und bevor es links zum Bahnhof hinunter geht, halten wir uns rechts und fahren über Guttenburg nach Walkersbrunn. Wir kommen über eine Anhöhe und dann eine ungefähr 2km lange bis zu 12% steile Abfahrt durch ein Waldstück hinunter. An

55

der Vorfahrtstraße halten wir uns rechts und fahren durch den Ort weiter nach Weingarts. Die kleine Rampe in Walkersbrunn bremst uns nur wenig, dafür folgt dann eine schöne Panoramaabfahrt mit Blick auf den Hetzleser Höhenzug auf der linken Seite. Die Abfahrt ist jedoch schnell vergessen, denn nach einem kurzen Flachstück geht es schon wieder leicht bergauf und unterhalb von Regensberg kurvig über eine Kuppe. Weiter geht's hinab nach Weingarts, kurvig durch den Ort und erneut über eine Anhöhe nach Kunreuth. Kurz nach dem Ortsschild biegen wir hier scharf links ab nach Ermreus, durchfahren ein kleines Tal und eine steile Rampe bis auf die Anhöhe hinauf. Wir erreichen die wenigen Häuser, halten uns rechts und es geht wieder abwärts nach Gaiganz. Hier fahren wir links auf die Hauptstraße, den inzwischen schon Ortsüblichen Anstieg hinauf und an dessen Ende können wir es bis nach Effeltrich richtig „krachen lassen", denn es geht eine lange sanfte Abfahrt hinab, durch eine weite Kurve und nochmal leicht abwärts bis wir die Ortsmitte erreichen. Erst rechts und gleich wieder links nach Poxdorf geht es weiter, hier dann links an Hagenau vorbei nach Langensendelbach. Wir halten uns im Ort rechts und nach den letzten Häusern biegen wir links nach Bräunungshof ab. Hier wartet dann die letzte Bergprüfung auf uns, denn in der Ortsmitte biegen wir zweimal links Richtung Rathsberg ab, haben gleich eine Rampe hinauf nach Atzelsberg zu bewältigen, fahren dann rechts weiter immer noch leicht bergauf bis nach Rathsberg. Den Ort umfahren wir links und kommen auf die bekannte Abfahrt hinunter nach Erlangen, vorbei am Waldkrankenhaus und schließlich am Fuß des Bergkirchweihgeländes an, wo die Tour endet.

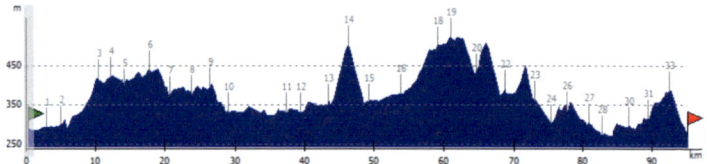

Spardorf-Uttenreuth(1)-Weiher(2)-Kalchreuth(3)-Käswasser(4)-
Großgeschaidt(5)-Kleingeschaidt-Tauchersreuth(6)-Neunhof(7)-
Simonshofen(8)-Kuhnhof(9)-Lauf(10)-Neunkirchen/Sand(11)-
Speikern(12)-Schnaittach(13)-Enzenreuth(14)-Schnaittach(15)-
Simmelsdorf(16)-Hüttenbach(17)-Erlastrut(18)-Lilling(19)-
Gräfenberg(20)-Guttenburg(21)-Walkersbrunn(22)-Weingarts(23)-
Kunreuth(24)-Ermreus(25)-Gaiganz(26)-Effeltrich(27)-Poxdorf(28)-
Hagenau(29)-Langensendelbach(30)-Bräuningshof(31)-Atzelsberg(32)-
Rathsberg(33)-Erlangen

15. Durchs Zenntal und ins Karpfenweihergebiet

Die Tour startet am Sportland Erlangen in der Münchner Straße. Von hier geht es durch den Wiesengrund auf Radwegen bis nach Bruck und dann auf der Straße Richtung Fürth bis nach Eltersdorf. Hier zweigen wir ungefähr in der Ortsmitte rechts ab auf den Rad- und Wirtschaftsweg durch den Regnitzgrund und überqueren diese, um dann eine erste kleinere Steigung hinauf nach Hüttendorf zu fahren. Den Ort durchqueren wir und fahren geradeaus weiter auf einen Wirtschaftsweg bis zur nächsten Hauptstraße. Hier biegen wir scharf links ab und nach ca. 500m rechts nach Obermichelbach und Veitsbronn. Nach dem neuen Kreisverkehr bei Obermichelbach beginnt rechts ein Radweg, der bis hinunter nach Veitsbronn neben der Straße verläuft, dann aber wieder auf diese mündet. Auf dieser Straße bleiben wir, bis sie rechts abknickt und in den Ortsteil Siegelsdorf führt. An der Ampel in der Ortsmitte biegen wir links ab Richtung Seukendorf/Cadolzburg und nach der Bahnunterführung fahren wir die Steigung auf dem Radweg hinauf. Dieser endet erst wieder am Ortseingang von Seukendorf, wir fahren durch den Ort bis zum Kreisverkehr und biegen dann rechts ab Richtung Horbach und Langenzenn. Wir fahren bis zum Ende dieser Straße, dann rechts und auf einer kleinen Anhöhe gleich wieder links. An einem Waldstück vorbei kommen wir nach einer Linkskurve auf die alte B8, fahren rechts über Horbach eine lange gerade Abfahrt bis nach Langenzenn hinunter. Durch den Ort fahren wir Richtung Laubendorf, Heinersdorf und Wilhermsdorf immer durchs Zenntal weiter bis nach Neuhof an der Zenn, biegen hier kurz vorm Ortsende rechts ab und fahren über Neuziegenrück nach Markt Erlbach. Hier halten wir uns rechts, umrunden ca. ¾ des Ortskerns bis es rechts nach Oberulsenbach abgeht. Hier biegen wir nach dem Ort rechts ab, es geht aufwärts über den Kappersberg und hier links nach Kotzenaurach ins Tal hinunter, aber anschließend gleich wieder aufwärts nach Buchklingen, das lassen wir rechts liegen und fahren weiter hinauf bis nach Rennhofen. Hier ist direkt neben der Straße ein großer Biergarten, der das Einkehrziel der Tour ist. Eine Besonderheit hier ist, daß der Boden mit Rindenmulch bedeckt ist, was das laufen mit Radschuhen sehr angenehm macht. Außerdem sind die Getränke und das Essen sehr günstig und man kann sich z.B. Salate selbst zusammenstellen.

(Biergarten in Rennhofen)

Nach der Einkehr fahren wir wellig über Bottenbach und Wulkersdorf bis zur B8, die wir Richtung Brunn überqueren. Es folgt eine Abfahrt durch ein Waldstück und nach Brunn hinein geht es auch abwärts, damit wir dann im Ort links abbiegend nach Hohholz wieder Bergauf fahren können. Hier folgen wir der Straße Richtung Birnbaum, biegen jedoch an der nächsten Kreuzung, die wir erreichen, rechts nach Emelsdorf ab. Es geht leicht bergab durch ein Waldstück, in Emelsdorf knickt die Straße nach rechts ab und nach dem Ort halten wir uns links Richtung Kästel. Über eine kleine Kuppe kommen wir nach Kästel hinunter, müssen hier eine 13%ige Rampe hochfahren und erreichen dann den Abzweig nach Retzelsdorf. Wir fahren jetzt rechts, die Straße führt leicht wellig durch den Wald und Retzelsdorf liegt dann in einer Senke inmitten von Feldern. Anschließend folgen nochmal ein kleines Wäldchen und eine Anhöhe auf dem Weg nach Weisendorf, dann können wir es bis in den Ort hinein laufen lassen. In der Ortsmitte biegen wir rechts ab und nach ca. 100m wieder links nach Reuth, folgen der Straße die im Ort dann links nach Reinersdorf abknickt. In Reinersdorf geht es eine kleine Rampe bis zur Hauptstraße hinauf und hier fahren wir rechts auf den Radweg nach Großenseebach. Wir fahren bis zum Ortsende und dann links weiter nach Hannberg. Am Sportplatz macht die Straße eine Rechtskurve und links beginnt der Radweg. Er endet an der nächsten Kreuzung unterhalb von Hannberg, wir überqueren die Straße und fahren durch das kleine Wohngebiet, bis wir die Straße nach Röhrach erreichen. Diese führt über die A3, zwischen einigen Karpfenweihern hindurch bis in den Ort und anschließend mündet sie auf die Straße zwischen Röttenbach und Dechsendorf. Wir biegen rechts ab, fahren die Straße bis sie nach rechts abknickt und halten uns hier links Richtung Ortsmitte/Möhrendorf. Nach einer Rechtskurve geht es links weiter zum Dechsendorfer Weiher, an diesem entlang, über eine kleine Anhöhe und durch ein Waldstück nach Möhrendorf. Hier überqueren wir wieder den Kanal, biegen direkt nach der Brücke rechts ab in ein Wohngebiet und kommen auf den Radweg nach Erlangen. Er endet am Startpunkt Möhrendorfer Weg.

Die Tour ist ca. 110km lang, aber mit ca. 700hm relativ flach, nur der Anstieg nach Markt Erlbach und die Rampe in Kästel sind etwas steiler.

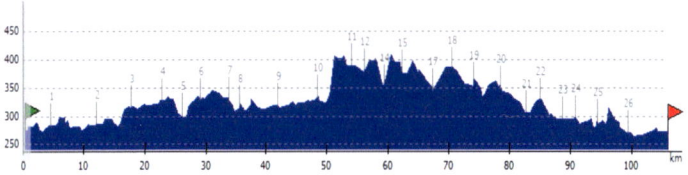

Erlangen-Eltersdorf(1)-Hüttendorf(2)-Obermichelbach(3)-Veitsbronn(4)-Seukendorf(5)-Horbach(6)-Langenzenn(7)-Laubendorf-Heinersdorf-Wilhermsdorf(8)-Adelsdorf-Neuhof(9)-Neuziegenrück-Markt Erlbach(10)-Oberulsenbach(11)-Kappersberg(12)-Kotzenaurach(13)-Buchklingen-Rennhofen(14)-Bottenbach-Wulkersdorf(15)-Brunn(16)-Hohholz(17)-Emelsdorf(18)-Kästel-Retzelsdorf(19)-Weisendorf(20)-Reuth(21)-Reinersdorf-Großenseebach(22)-Hannberg(23)-Röhrach-Dechsendorf(24)-Möhrendorf(25)-Erlangen

16. Zu den Kellern im östlichen Aischtal

Diese relativ kurze Tour startet in Alterlangen am Möhrendorfer Weg. Auf dem Radweg geht es durch den Wald bis nach Möhrendorf, nach den ersten Häusern links durch das Wohngebiet bis zur Hauptstraße und dann wieder links über den Kanal nach Dechsendorf. Über den Hügel und durch den Wald erreichen wir den Dechsendorfer Weiher und kommen danach in den Ort. Am Ende der Straße geht es rechts einen kleinen Stich hinauf und der Straße folgend links Richtung Röttenbach. Am Kreisverkehr vorbei fahren wir bis in die Röhracher Senke auf der Straße, dann beginnt links der neue Radweg bis nach Röttenbach hinein. Nach dem Ort beginnt rechts wieder ein Radweg bis nach Hemhofen, nach dessen Ende geht es eine kleine Rampe hinauf in den Ort und ca. 200m nach der Ortsmitte biegen wir links ab nach Heppstädt. Wir verlassen Hemhofen und fahren durch Felder leicht aufwärts bis zu einem Waldstück und dann in rasender Abfahrt den „Heppstädter Berg" hinunter bis zum Ortsschild, hier wäre dann abbremsen angesagt wegen einiger Kurven, Abzeigungen und eines Campingplatzes. Nach dem Ort geht's weiter durch Wiesen und Karpfenweiher bis zur Verbindungsstraße zwischen B470 und Neuhaus. Hier biegen wir rechts ab auf den Radweg, fahren bis zur B470 und biegen vor dieser links ebenfalls wieder auf den Radweg Richtung Höchstadt ab. Diesem folgen wir bis nach der Autobahnbrücke und dem Autohof samt Ampelanlage rechts der Abzweig nach Medbach kommt. Wir queren jetzt das Aischtal und die Aisch, fahren rechts nach Medbach und nach dem Ort einen kurzen Anstieg hinauf. An dessen Ende kommt der Abzweig auf eine kleine Straße Richtung Kieferndorf und es geht ca. 1km leicht bergauf. Nach der Anhöhe folgt eine kurze Abfahrt nach Kieferndorf und Saltendorf, hier erreichen wir rechts abbiegend die Straße nach Bösenbechhofen. Nach dem Ort fahren wir eine kurze Rampe hinauf und dann immer leicht ansteigend durch ein Waldstück und über einige Kuppen bis wir wieder auf freies Feld kommen und Zentbechhofen erreichen.

(Blick vom Fischerkeller in Zentbechhofen nach Förtschwind)

Im Ort fahren wir geradeaus weiter Richtung Stiebarlimbach, könnten aber am Ortsausgang links auf dem Fischer-Keller einkehren und die schöne Aussicht bei einem Bier und einer Brotzeit genießen. Da die Einkehrmöglichkeiten bei dieser Tour aber vielfältig sind, bietet sich bereits im übernächsten Ort, Stiebarlimbach, die nächste. Auf dem Roppelt-Keller links oben am Waldrand kann man windgeschützt auch im Oktober noch die Sonne genießen. Die anschließende Abfahrt hinunter ins östliche Aischtal führt nach Willersdorf, vor der Aischbrücke biegen wir rechts ab und fahren über Haid nach Lauf, wo sich ca. 300m nach dem Ort rechts oben am Waldrand der nächste Keller befindet.

Der „Laufer Keller" bietet neben seiner schönen Lage am Waldrand mit herrlichem Blick ins Aischtal gute Brotzeiten, Kuchen und Bier vom Brauhaus Höchstadt. Sollte aber auch hier die Einkehrlust noch nicht überwiegen, so kann man auf dem Weg durchs Aischtal noch 2km bis in den Ort Aisch weiter fahren und im Biergarten der Brauerei Rittmayer ein leckeres Bier und eine Brotzeit, aber auch warmes Essen genießen. Spätesten hier dreht man dann auch um und fährt wieder über die Aisch und durch den Wiesengrund an Adelsdorf vorbei, am Ende des Weges rechts bis zur Hauptstraße und dann links. Nach ca. 300m leichtem Anstieg geht es abermals rechts und kurvig durch die Wiesen links nach Wiesendorf. Nach dem Ort beginnt links der Radweg und dieser verzweigt sich nach der Unterführung rechts Richtung Höchstadt und links Richtung Forchheim. Wir fahren links zuerst einen kurzen Stich hinauf und dann sanft ansteigend bis wir auf der Anhöhe den Abzweig nach Zeckern erreichen. Hier biegen wir rechts ab und nach gut 200m gleich wieder links. Die flache Abfahrt führt über Poppendorf und Heroldsbach nach Hausen,

(Blick nach Südwesten ins Aischtal – vom Laufen Keller aus)

teilweise auch wieder auf einem Radweg links neben der Straße. In Hausen biegen wir abermals rechts ab, folgen der Straße bis über die Kanalbrücke und gleich nach der Abfahrt fahren wir scharf rechts auf den Radweg entlang des Kanals und durch den Wiesengrund bis nach Baiersdorf. Wir überqueren die Regnitz, kommen in den Ortsteil Wellerstadt und halten uns erneut rechts. Immer der Straße folgend kommen wir nach einer kurzen Abfahrt an eine Kreuzung, biegen wieder rechts ab, fahren ein weiteres Mal durch den Wiesengrund über Regnitz und Kanal, links geht es weiter über Kleinseebach und Möhrendorf ab dem dortigen Kreisverkehr auf demselben Weg zurück nach Erlangen.

Die Tour ist knappe 70km lang und mit ca. 400hm schon fast topfeben, ideal zum Einfahren, genießen oder nach Feierabend.

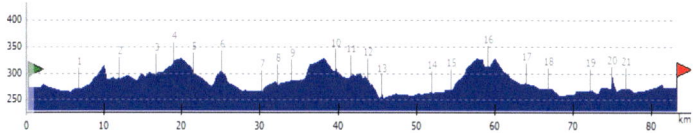

Erlangen-Möhrendorf(1)-Dechsendorf(2)-Röttenbach(3)-Hemhofen(4)-Heppstädt(5)-Neuhaus(6)-B470-Medbach(7)-Kieferndorf(8)-Saltendorf(9)-Bösenbechhofen-Zentbechhofen(10)-Greuth(11)-Stiebarlimbach(12)-Willersdorf(13)-Haid-Lauf-Aisch(14)-Adelsdorf-Wiesendorf(15)-Zeckern(16)-Poppendorf-Heroldsbach(17)-Hausen(18)-Baiersdorf(19)-Kleinseebach(20)-Möhrendorf(21)-Erlangen

Wir starten am Freibad West und fahren rechts die Schallershoferstr
entlang bis zur großen Kreuzung am Kosbacher Damm. Hier biegen wir
links auf den Radweg Richtung Kosbach ab, am Sparkassenweiher entlang, unter dem Kanal hindurch bis hinauf nach Büchenbach, fahren an
der Fußgängerampel über die Straße und gleich links auf den Radweg am
westlichen Neubaugebiet vorbei. Dieser führt immer an der Bebauungs-
grenze entlang bis zur Verbindungsstraße nach Kosbach. An dieser halten wir uns rechts und biegen dann im Ort auf die Straße nach
Dechsendorf ab. Nach einer kleinen Senke geht es ca. 2km Schnurgerade
durch den Wald nach Dechsendorf hinein. Am Ende der Straße biegen
wir links ab und an der zweiten Ampel dann rechts nach Röttenbach,
Hemhofen, Zeckern, Adelsdorf, Aisch und schließlich Pommersfelden –
umgekehrt zu der in Tour 13 beschriebenen Streckenführung. Und auch
ab Pommersfelden fahren wir entgegen der in Tour 13 beschriebenen
Strecke   bis   nach   Burgebrach,   über   Steppach,   Küstersgreuth,
Tempelsgreuth und Unterneuses, hier ist auch der erste längere Anstieg zu
bewältigen. Entlang der B22 geht es nach Burgebrach hinein, im Ort
rechts und einen weiteren Anstieg bis hinauf zu den Ampferbacher Kel-

lern. Wenn man die Tour am ersten Maiwochenende macht, geht es hier zu wie auf einer Kirchweih und es wird mitunter schwer, einen Platz zum Einkehren zu finden. Im restlichen Jahr ist es dann etwas beschaulicher. Man hat von den am Waldrand gelegenen Kellern jedenfalls einen schönen Blick auf Ampferbach.

Nach einer Stärkung fahren wir weiter in den Ort hinunter. Wir halten uns rechts Richtung Dietendorf, überqueren vorher die "rauhe Ebrach" und fahren dann links bis Steinsdorf. Hier biegen wir rechts ab, fahren über eine Anhöhe und durch ein Waldstück bis Walsdorf und dann entlang der Aurach nach Stegaurach, Debring und weiter nach Waizendorf. Das Aurachtal verlassen wir hier und es geht über einen Höhenzug nach Frensdorf, wir fahren in Richtung Bahnhof und folgen dann der Straße nach Herrnsdorf erneut über einen kleinen Höhenzug. Nach der Anhöhe geht's ins nächste Tal hinab nach Herrnsdorf, durch den Ort hindurch und am Ortsende rechts Richtung Zentbechhofen. Allerdings verlassen wir diese Straße nach ca. 400m, biegen links ab nach Schlüsselau und vorm Kloster selbigen Namens rechts nach Jungenhofen. Das Sträßchen windet sich unter der B505 hindurch und im Ort geht es links nach Schnaid einen etwas steileren und längeren Anstieg teilweise durch ein Waldstück hinauf. Oben angekommen hat man einen tollen Aus- bzw. fast schon Rundblick nach Bamberg und bis ins Regnitz- und Aischtal.

(Blick Richtung Bamberg über Sassanfahrt und rechts Hirschaid)

Wir fahren durch den Ort und hinunter nach Hallerndorf, rechts sieht man den Kreuzberg mit seinen Kellern. In Hallerndorf halten wir uns links und fahren über Schlammersdorf Richtung Neuses, biegen jedoch kurz vor dem Neuseser Schlot rechts ab nach Pautzfeld. Den Ort mit seiner kurvenreichen Durchfahrt kennen wir bereits aus anderen Touren und der Rückweg ist auch an anderer Stelle bereits beschrieben, es geht über Forchheim Buckenhofen und Burk nach Hausen, weiter über Baiersdorf und Bubenreuth zurück nach Erlangen.

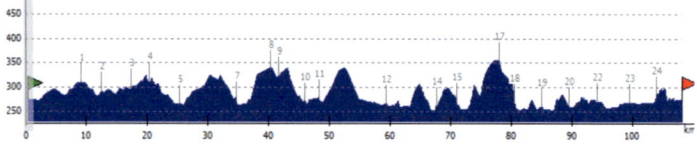

Erlangen-Kosbach(1)-Dechsendorf(2)-Röttenbach(3)-Zeckern(4)-Adelsdorf(5)-Aisch(6)-Pommersfelden(7)-Küstersgreuth(8)-Tempelsgreuth(9)-Unterneuses-Burgebrach(10)-Ampferbach(11)-Dietendorf-Steinsdorf-Walsdorf-Stegaurach(12)-Debring(13)-Waizendorf-Frensdorf(14)-Herrnsdorf(15)-Schlüsselau(16)-Jungenhofen-Schnaid(17)-Hallerndorf(18)-Schlammersdorf-Pautzfeld(19)-Buckenhofen(20)-Burk(21)-Hausen(22)-Baiersdorf(23)-Bubenreuth(24)-Erlangen

18. Bamberger Spezial

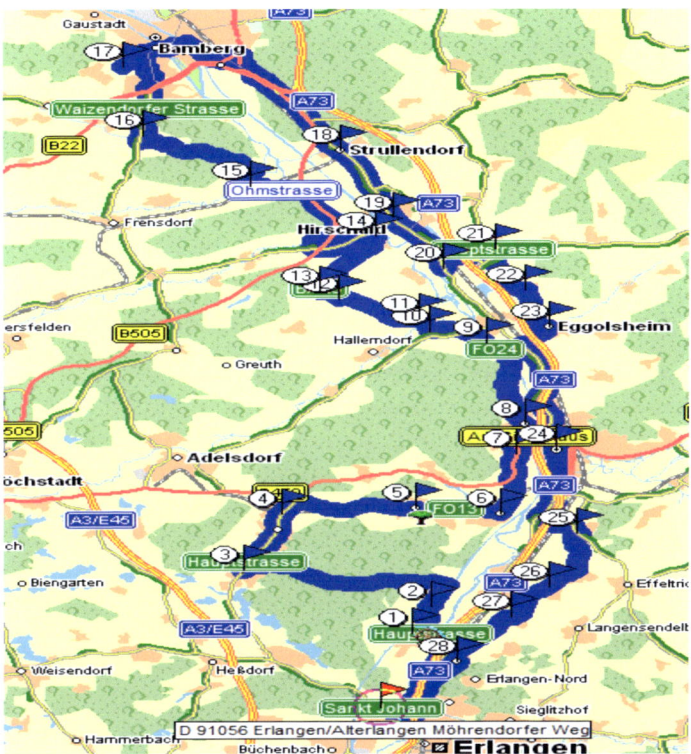

Startpunkt dieser Tour ist der Möhrendorfer Weg neben dem „langen Johann". Die Tour ist zwar hügelig und etwas länger, aber nicht sonderlich schwer. Auf dem Radweg geht's nach Möhrendorf, über den Kanal und dann rechts weiter nach Kleinseebach und bis zur Straße Baiersdorf-Röttenbach. Wir biegen links auf den Radweg nach Röttenbach ab und haben den langen, aber gemächlichen Anstieg durch den Wald vor uns und erreichen Röttenbach nach einer etwas steileren Abfahrt an deren Ende Vorsicht geboten ist, der Verkehr von links hat Vorfahrt. Wir fahren weiter bis in die Ortsmitte und biegen an der Ampel rechts ab. Nach Hemhofen und Zeckern geht es auf bekannten Wegen und Straßen weiter, allerdings fahren wir an Zeckern vorbei bis rechts der Abzweig nach Heroldsbach kommt. Es geht wie in Tour 16 schon beschrieben leicht bergab bis Hausen, hier fahren wir dann allerdings links weiter über Forchheim nach Pautzfeld und dann nach Schlammersdorf und Trailsdorf, ebenfalls auf der schon mehrfach beschriebenen Route. Hier fahren wir durch den Ort und dann geradeaus etwas steiler bergauf nach Großbuchfeld und Rothensand. Von hier aus hat man schon eine gute Sicht Richtung Bamberg und auf die Hügel der fränkischen Schweiz im Osten.

In Rothensand biegen wir rechts auf den Radweg nach Sassanfahrt ab, fahren hier links über Köttmannsdorf unter der B505 hindurch nach Erlach und biegen hier rechts auf die alte B505 nach Pettstadt. Den Ort lassen wir links liegen und fahren über Neuhaus nach Waizendorf, biegen rechts ab und sind nach ca. 1,5km in Bamberg. Wir überqueren hier die B22 und fahren nach ca. 100m rechts in die Würzburger Str., folgen dieser bis wir rechts in den oberen Stephansberg abbiegen. Diesen fahren wir bis zur Sternwartstr. hinunter und hier rechts die Rampe bis zum rechts auf dem Berg liegenden Keller wieder hinauf – evtl. muß man wegen dem schlechten Straßenbelag und des wirklich steilen Bergs sogar ein Stück schieben. Die Aussicht auf Bamberg entschädigt aber dafür, genauso wie die Brotzeiten und Getränke.

(Blick auf Bamberg vom Spezialkeller aus)

Die größte Schwierigkeit auf dem Rückweg ist jetzt, aus Bamberg wieder heraus zu kommen. Am Kellerausgang halten wir uns gleich rechts, umrunden praktisch das Kellergelände zuerst auf dem Milchweg, folgen diesem rechts bis „Am Friedrichsbrunnen" und kommen in die Schellenbergerstraße. Dieser folgen wir rechts bis wir auf die B22/Münchner Ring kommen und rollen diesen bis über die Heinrichsbrücke hinunter. Nach der Brücke geht es erneut rechts in ein Schrebergartengebiet und dann auf den Radweg nach Strullendorf. Diese Variante, Bamberg mit dem Rennrad zu verlassen, ist wegen möglicherweise stärkerem Verkehr auf der

B22 nicht so angenehm, aber die Kopfsteinpflasterstraßen in der Bamberger Altstadt wären für Mensch und Maschine auch nicht allzu angenehm.

Jetzt kommen wir auf dem gut ausgebauten Kanalradweg und einigen Wirtschaftswegen bis ins Strullendorfer Gewerbegebiet, folgen den Radwegschildern bis in die Ortsmitte (links halten) und fahren dann rechts weiter nach Hirschaid und durch den Ort bis nach Altendorf. Hier biegen wir links nach Buttenheim ab, überqueren vorher Bahn und A73, im Ort geht es dann rechts weiter über eine kleine Kuppe beim Sankt Georgen Keller nach Unterstürmig und Eggolsheim. In der Ortsmitte biegen wir ein weiteres Mal rechts ab bis wir die Straße nach Forchheim erreichen – nach erneutem Überqueren der Autobahn und Bahn. Nun geht es links weiter nach Forchheim, in die Stadt hinein und auf Radwegen auf und neben der Straße immer Richtung Erlangen. Nach der letzten Tankstelle erreichen wir linker Hand den OBI und nach diesem fahren wir links nach Kersbach. Wir fahren bis in den Ort und weiter nach Poxdorf, rechts an Hagenau vorbei und dann links nach Igelsdorf. Hier biegen wir in der Ortsmitte nach Bubenreuth ab, fahren in den Ort hinein und immer der Straße folgend, bis wir zu unserem letzten Hindernis kommen, der 10%igen Rampe auf dem Weg nach Erlangen. Nach dieser rollen wir bis zur Bahnunterführung, nach dieser fahren wir links und entlang des Burgbergs zurück nach Erlangen.

Die Tour ist mit knapp 115km recht lang, aber die 750hm sind gut verteilt und somit ist sie nicht allzu schwer.

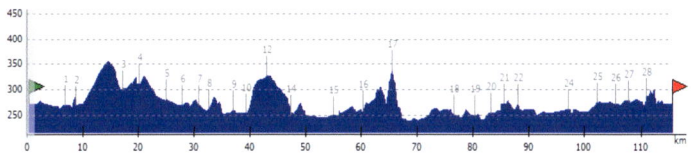

Erlangen-Möhrendorf(1)-Kleinseebach(2)-Röttenbach(3)-Hemhofen-Zeckern(4)-Heroldsbach(5)-Hausen(6)-Burk(7)-Buckenhofen(8)-Pautzfeld(9)-Schlammersdorf(10)-Trailsdorf(11)-Großbuchfeld(12)-Rothensand(13)-Sassanfahrt(14)-Köttmannsdorf–Erlach-Pettstadt(15)-Neuhaus-Waizendorf(16)-Bamberg(17)-Strullendorf(18)-Hirschaid(19)-Altendorf(20)-Buttenheim(21)-Unterstürmig(22)-Eggolsheim(23)-Forchheim(24)-Kersbach(25)-Hagenau(26)-Igelsdorf(27)-Bubenreuth(28)-Erlangen

19. Meisterlich nach Unterzaunsbach ✳✳✳

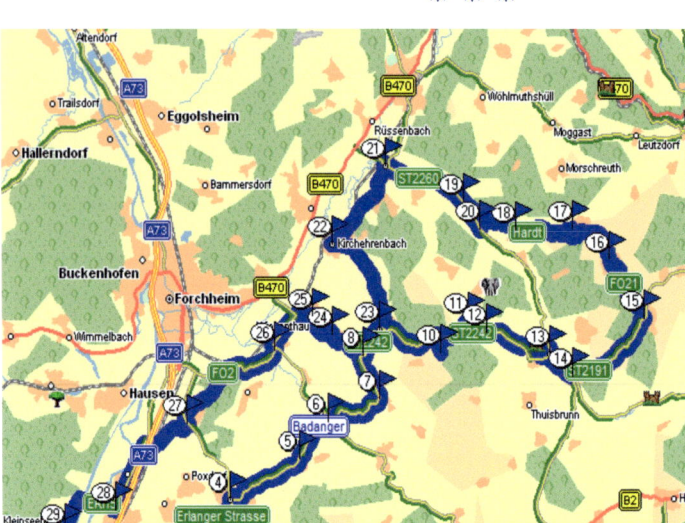

Diese Tour startet gleich mit dem ersten Berg in Erlangen und bleibt auch weiterhin bergig.

Los geht's an der Essenbacher Brücke rechts Richtung Rathsberg, vor der nächsten Ampel links und die erste kurze Rampe hinauf. Bis zum Waldkrankenhaus ist es dann ziemlich eben und am Beginn des Waldes auf einer weit geschwungenen Serpentine wird es bis zu 10% steil. Oben angelangt geht es leicht abwärts rechts an Atzelsberg vorbei weiter durch ein Wäldchen nach Marloffstein. Im Ort biegen wir nach einer Abfahrt links ab und fahren über den „Paß Marloffstein", auf der „Paßhöhe" hat man einen wunderbaren Blick in die fränkische Schweiz hinein, weshalb sich hier ein kurzer Halt immer lohnt. Dann geht's abwärts nach Adlitz, hier durch eine S-Kurve und eine kurze 10%-ige Rampe hinunter weiter nach Langensendelbach und Effeltrich. Hier fahren wir im Ort nach der Linde rechts und folgen der Straße nach Gaiganz und weiter bis Kunreuth. Hier bleiben wir auf der Straße, fahren die nächste Rampe

70

hinauf und durch das Obstanbaugebiet nach Mittelehrenbach. Links ab geht es nach Dietzhof leicht ansteigend an einem Wäldchen vorbei, eine kleine Steigung hinauf und an der nächsten Abzweigung rechts nach Dietzhof und im Ort links nach Leutenbach. Hier folgen wir der Straße, die in der Ortsmitte scharf nach rechts abknickt und Richtung Hundsboden/Hundshaupten führt. Kurz nach dem Ort beginnt dann die erste längere Steigung an Seidmar vorbei bis nach Hundsboden und hier rechts weiter nach Egloffsteinerhüll und hinunter nach Egloffstein. Im Ort am Ende der Straße machen wir praktisch eine Kehrtwende und fahren Talaufwärts weiter nach Hammerbühl, biegen vor dem Ort aber gleich wieder links ab nach Geschwand und der zweite längere Anstig bis zum knapp 570m hohen „Höhepunkt" der Tour beginnt. In Geschwand halten wir uns leicht links und fahren nach Bieberbach hinunter in eine Senke, anschließend nochmal ca. 1km bergauf nach Wichsenstein und von hier über Hardt abwärts bis nach Wannbach. Hier biegen wir links ab und fahren das Zaunsbachtal ein Stück aufwärts bis zur Einkehr in Unterzaunsbach bei der Brauerei Meister. Hier gibt es zur Stärkung z.B. leckere Suppen, gebackene Forellen und natürlich das Hausgebraute Bier. Da wir die meisten der 1200hm schon hinter uns haben kann man sich durchaus eins genehmigen. Und weiter geht es, wieder zurück nach Wannbach und das Tal hinunter nach Pretzfeld. In der Ortsmitte fahren wir links nach Kirchehrenbach, hier bis zur Kirche und vor dieser scharf links nach Leutenbach. Leicht ansteigend fahren wir das Leutenbachtal am Fuße

(Das Leutenbachtal talaufwärts)

des Walberlas hinauf, durch den Ort rechts weiter nach Dietzhof und Schlaifhausen. Rechts haben wir immer den „Berg der Franken" im Blick

71

und jetzt auch den letzten leichten Anstieg der Tour bewältigt. Nun geht es abwärts über Wiesenthau nach Gosberg und leider kann man es nicht laufen lassen, da man unten auf eine Vorfahrtstraße trifft. In Gosberg halten wir uns am Ortseingang gleich rechts und kommen auf den Radweg entlang der Bahnstrecke, dem wir bis an Sigritzau vorbei folgen und an dessen Ende links nach Kersbach abbiegen. Vor dem Ort fahren wir rechts Richtung Bahnhof, biegen allerdings vor diesem links auf einen Wirtschaftsweg ab an dessen Ende wir wieder rechts fahren Richtung Baiersdorf. Über Bahn und A73 kommen wir auf die Straße nach Baiersdorf der wir bis zum Abzweig rechts nach Röttenbach folgen. Bis über den Kanal fahren wir auf dieser Straße, dann links über Kleinseebach und Möhrendorf zurück nach Erlangen.

Die Tour ist mit fast 1200hm sehr bergig, dafür aber „nur" knapp 90km lang. Wegen der beiden steilen Anstiege wäre eine 3-fach Übersetzung bzw. Kompaktkurbel nicht verkehrt

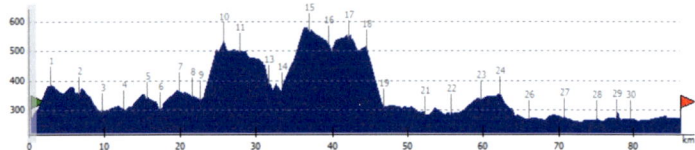

Erlangen-Rathsberg(1)-Marloffstein(2)-Langensendelbach(3)-
Effeltrich(4)-Gaiganz(5)-Kunreuth(6)-Mittelehrenbach(7)-Dietzhof(8)-
Leutenbach(9)-Seidmar(10)-Hundsboden(11)-Egloffsteinerhüll(12)-
Egloffstein(13)-Hammerbühl(14)-Geschwand(15)-Bieberbach(16)-
Wichsenstein(17)-Hardt(18)-Wannbach(19)-Unterzaunsbach(20)-
Wannbach-Pretzfeld(21)-Kirchehrenbach(22)-Leutenbach(23)-Dietzhof-
Schlaifhausen(24)-Wiesenthau(25)-Gosberg(26)-Kersbach(27)-
Baiersdorf(28)-Kleinseebach(29)-Möhrendorf(30)-Erlangen

20. Die Königsetappe

Die Königsetappe dieser 20 bzw. 22 Touren hat eine Länge von ca. 140km und fast 1700hm.

Startpunkt ist die Ampel in Buckenhof/Spardorf und es geht sehr sanft los über Uttenreuth nach Rosenbach. Der Abzweig nach links ist vor der Pizzeria am Ortsausgang in ein Wohngebiet und wir fahren einen leichten Anstieg hinauf. Zwischen Feldern hindurch kommen wir nach Rosenbach, biegen im Ort links ab und gleich wieder rechts, um den ersten etwas längeren Anstieg hinauf zu fahren. Nach der Anhöhe folgt eine schnelle Abfahrt auf der gut ausgebauten Straße bis nach Neunkirchen, auf Kopfsteinpflaster fahren wir in die Ortsmitte, biegen rechts ab und halten uns dann links erst Richtung Kleinsendelbach, im Gewerbegebiet fahren wir dann aber auf den Radweg geradeaus. Dieser führt über die Straße nach Kleinsendelbach, über eine Kuppe bis in den Ort. An dem fahren wir links vorbei und biegen scharf links ab nach Schellenberg. Der nächste Anstieg wartet und im Ort ein kurze steilere Rampe hinauf nach Neubau. Durch Obstgärten mit einer schönen Aussicht auf die Hetzleser

73

Höhe linker Hand geht es hinab nach Etlaswind, hier dann links einen steileren Anstieg hinauf bis zu einem Parkplatz und gleich wieder hinunter nach Oberlindelbach. Zuerst ist es kurvig, dann folgt eine lange abfallende Gerade bis Unterlindelbach und nach dem Ort geht es links weiter nach Igensdorf. Hier folgen wir entweder dem Radweg nach Gräfenberg entlang der Bahnstrecke, der dann ca. 500m auf Schotter verläuft bis zur Endhaltestelle Gräfenberg, oder wir fahren bis zur B2, biegen auf diese links ab und fahren vorbei an Weißenohe bis Gräfenberg ca. 2,5 km Bundestraße und dann links nach Gräfenberg hinein. Hier heißt es jetzt das erste Mal richtig klettern durch den Ort hindurch, es geht steil hinauf, ein Stückchen in der Ortsmitte auf Kopfsteinpflaster und dann weiter bis wir wieder zur B2 kommen. Man könnte den Ort auch auf der Bundesstraße umfahren, da auf dieser aber meist viel Verkehr ist, ist die Variante durch den Ort angenehmer. Oberhalb von Gräfenberg fahren wir dann auf dem Radweg entlang der B2 hinauf nach Kemmathen, durch den Ort und die anschließende Senke wieder hinauf nach Hiltpoltstein. Hier fahren wir bis zum Stadttor am Ortsende, biegen dann rechts ab und fahren Richtung Großengsee weiter. Zuerst haben wir noch einen schönen Blick auf Hiltpoltstein samt seiner Burg, dann geht's über eine Anhöhe durch ein Waldstück und ein schönes Tal nach Großengsee. In der Ortsmitte fahren wir links ab nach Strahlenfels und hier rechts Richtung Spies. Nach ca. 1km kommt dann links ein Abzweig nach Betzenstein und dorthin fahren wir über Hetzendorf und Waiganz immer bergauf. In der Ortsmitte von Betzenstein biegen wir links ab nach Leupoldstein, erreichen hier den höchsten Punkt der Tour und befinden uns am Rande des Fichtelgebirges. Wir überqueren die B2 und fahren nun abwärts über Weidenhüll, Regenthal, Kirchenbirkig bis hinunter nach Pottenstein.

(Ortseingang von Pottenstein)

Es geht nach links kurz auf die B470, diese wird aber gleich wieder nach rechts in den Ort hinein verlassen und links fahren wir bergauf nach Weidmannsgesees. Nach einer etwas steileren Rampe haben wir die Anhöhe bald erreicht und es geht über Kleinlesau wieder hinab ins Ahorntal nach Oberailsfeld. Im Ort rechts liegt die Brauerei Held und wir kommen endlich zur verdienten Einkehr. Mit einer Brotzeit können wir uns hier für die nächsten Anstiege stärken.

Und der erste beginnt gleich am Ortsausgang, wo wir links hinauf nach Eichenbirkig abbiegen. Nach dem Ort geht es wieder hinunter über Schönhof ins Wiesenttal und anschließend hinauf nach Waischenfeld/Heroldsberg. Über Hubenberg erreichen wir Breitenlesau und könnten hier bei der Brauerei Krug erneut einkehren bzw. diese als Alternative Einkehrmöglichkeit nutzen. Im Ort fahren wir links und nach einer kleinen Kuppe geht es hinunter ins obere Aufseßtal und dann wieder in Serpentinen hinauf nach Wüstenstein. Hier fahren wir weiter nach Gößmannsberg und dann rechts nach Heiligenstadt/Siegritz. Jetzt geht es links hinunter nach Veilbronn und im Ort rechts noch leicht ansteigend nach Heiligenstadt. Ungefähr in der Ortsmitte biegen wir links ab nach Kalteneggolsfeld und haben den vorletzten Anstieg der Tour vor uns, der hat es aber mit fast 200hm nochmal richtig in sich. Oben angekommen durchqueren wir den Ort und fahren hinab nach Tiefenstürmig und weiter über Götzendorf bis zur Staatstraße nach Ebermannstadt. An dieser biegen wir links ab und müssen als letzten Berg den Feuerstein erklimmen, immerhin auch nochmal 10% steil mit einer Serpentine am Schluß. Und dann geht's in einer langen Abfahrt hinunter nach Ebermannstadt auf gut ausgebauter Straße, nur am Wochenende sind manchmal viele schnelle Motorradfahrer unterwegs. Dann erreichen wir die B470, fahren rechts nach Ebermannstadt bis zur nächsten Ampel auf der Bundesstraße und biegen links ab nach Pretzfeld. Der Anstieg bis zu den Pretzfelder Kellern mutet fast sanft an nach den Bergen, die wir schon bewältigt haben und wir lassen es über Pretzfeld, Kirchehrenbach und Wiesenthau am Fuße des Walberlas vorbei bis nach Gosberg locker ausrollen. Ab hier nehmen wir den Radweg entlang der Bahnstrecke und fahren wie in Tour 19 beschrieben zurück nach Erlangen.

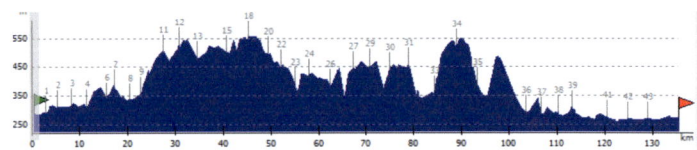

Erlangen(Spardorf)-Uttenreuth(1)-Rosenbach(2)-Neunkirchen(3)-
Kleinsendelbach(4)-Schellenberg(5)-Etlaswind(6)-
Ober/Unterlindelbach(7)-Igensdorf(8)-Weißenohe(9)-Gräfenberg(10)-
Kemmathen(11)-Hiltpoltstein(12)-Großengsee(13)-Wildenfels-
Strahlenfels(14)-Hetzendorf(15)-Waiganz(16)-Betzenstein(17)-
Leupoldstein(18)-Weidenhüll(19)-Regenthal(20)-Kirchenbirkig(21)-
Weidenloh(22)-Pottenstein(23)-Weidmannsgesees(24)-Kleinlesau(25)-
Oberailsfeld(26)-Eichenbirkig-Waischenfeld-Heroldsberg(27)-
Huberberg(28)-Breitenlesau(29)-Wüstenstein(30)-Siegritz(31)-
Veilbronn(32)-Heiligenstadt(33)-Kalteneggolsfeld(34)-
Tiefenstürmig(35)-Ebermannstadt(36)-Pretzfeld(37)-Kirchehrenbach(38)-
Wiesenthau(39)-Gosberg(40)-Kersbach(41)-Baiersdorf(42)-
Möhrendorf(43)-Erlangen

2 Zusatztouren „kurz und flach" für den Feierabend

Diese und die nächste Tour sind wegen ihrer Länge bzw. Kürze reine Feierabendrunden und werden deshalb nicht ausführlicher beschrieben.

21. Rund um Herzogenaurach; ca. 65km und 380hm

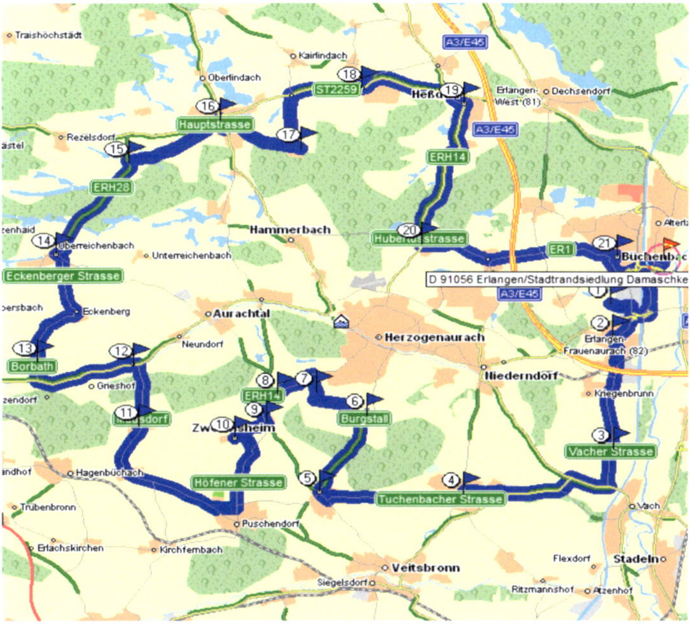

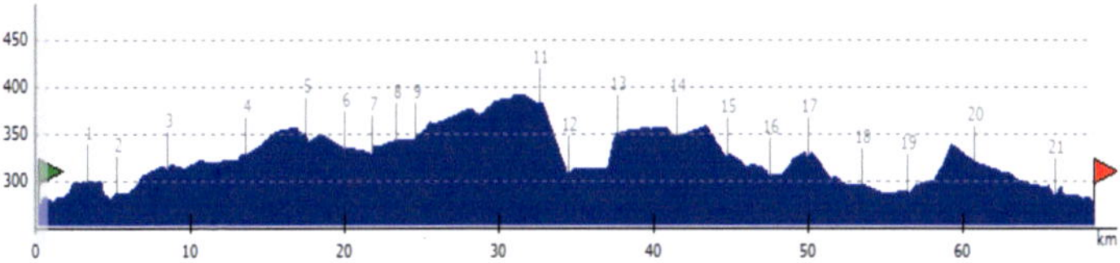

Erlangen(Freibad West)-Schallershof(1)-Frauenaurach(2)-Hüttendorf(3)-Obermichelbach(4)-Tuchenbach(5)-Burgstall(6)-Steinbach(7)-Dondörflein(8)-Höfen(9)-Zweifelsheim(10)-Mausdorf(11)-Oberniederndorf(12)-Borbath(13)-Oberreichenbach(14)-Sintmann(15)-Weisendorf(16)-Reuth(17)-Großenseebach(18)-Heßdorf(19)-Beutelsdorf(20)-Büchenbach(21) - - evtl. Einkehrmöglichkeit in Oberreichenbach, Brauerei Geyer

22. Durch Knoblauchs- und das Fürther Hinterland; ca. 53km und 280hm

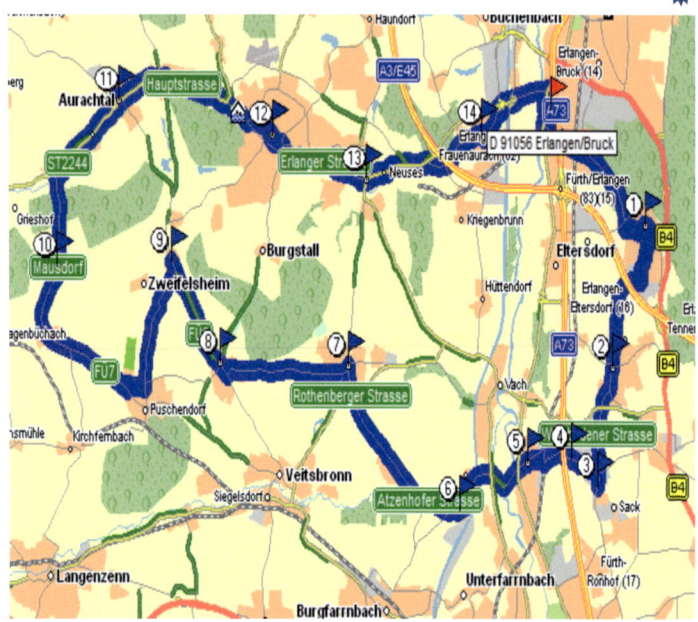

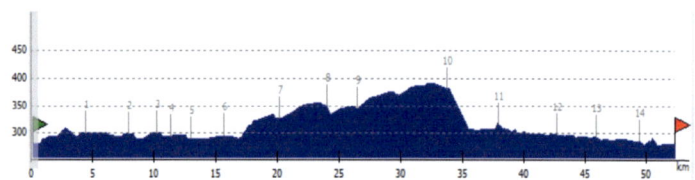

Erlangen(Bruck)-Tennenlohe(1)-Großgründlach(2)-Bislohe(3)-
Steinach(4)-Stadeln(5)-Atzenhof(6)-Obermichelbach(7)-Tuchenbach(8)-
Höfen(9)-Puschendorf-Hagenbüchach-Mausdorf(10)-Aurchtal(11)-
Herzogenaurach(12)-Niederndorf(13)-Frauenaurach(14)

Nachwort:

Daß sich einige Abschnitte der Touren wiederholen läßt sich nicht ganz vermeiden, denn die Anzahl der Wege aus Erlangen heraus und wieder zurück ist begrenzt. Aus diesem Grund kommt der ein oder andere Streckenabschnitt mehrmals vor, ebenso werden ein paar Berge mehrmals gefahren.

Das Erreichen der Startpunkte sollte kein Problem sein und so habe ich auf einen zentralen Abfahrtspunkt (z.B. Bahnhof) verzichtet, da die Erlanger Innenstadt nicht unbedingt rennradtauglich ist.

Zukünftig gibt es auch Informationen auf:

www.koehland.de

Bonuskarten: Rückseite